AF553855

भारतीय लिपियों की कहानी

भारतीय लिपियों की कहानी

गुणाकर मुळे

राजकमल प्रकाशन

ISBN : 978-81-267-0216-9

मूल्य : ₹695

पहला संस्करण : 1974
दूसरा संशोधित एवं परिवर्द्धित संस्करण : 1990
आठवाँ संस्करण : 2025

प्रकाशक : राजकमल प्रकाशन प्रा.लि.
1-बी, नेताजी सुभाष मार्ग, दरियागंज
नई दिल्ली-110 002
शाखाएँ : अशोक राजपथ, साइंस कॉलेज के सामने, पटना-800 006
पहली मंजिल, दरबारी बिल्डिंग, महात्मा गांधी मार्ग, प्रयागराज-211 001
1, अनमोल सोराबजी सन्तुक लेन, धोबी तलाव, मरीन लाइंस, मुम्बई-400 002
वेबसाइट : www.rajkamalprakashan.com
ई-मेल : info@rajkamalprakashan.com

मुद्रक : बी.के. ऑफसेट
नवीन शाहदरा, दिल्ली-110 032

BHARTIYA LIPION KI KAHANI
by Gunakar Muley

सहधर्मिणी शांति को
सस्नेह—

दूसरी बार

मुझे प्रसन्नता है कि मेरी इस पुस्तक का हिंदी जगत में स्वागत हुआ। विशेष प्रसन्नता यह है कि मेरे अपने इलाहाबाद विश्वविद्यालय ने इस पुस्तक को भारतीय इतिहास के व्यापक अध्ययन के लिए उपयोगी पाया।

इस दूसरे संस्करण में जहाँ-तहाँ थोड़े संशोधन के अलावा कोई परिवर्तन नहीं किया है। सिंधु लिपि अभी भी अज्ञेय बनी हुई है, हालाँकि कई पुरालिपिविदों ने इसके उद्घाटन के दावे किए हैं।

भारतीय पुरालिपियों के संक्षिप्त लेख पुराने सिक्कों पर भी मौजूद हैं। भारतीय सिक्कों के बारे में मेरी एक लंबी लेखमाला जल्दी ही प्रकाशित हो रही है, जो बाद में पुस्तकाकार प्रकाशित होगी।

मेरा 'अक्षर-कथा' ग्रंथ, जिसमें मैंने संसार की प्रायः सभी प्रमुख पुरालिपियों की विस्तृत जानकारी दी है, अब अप्राप्य है। आशा है, जल्दी ही उसका भी पुनर्मुद्रण होगा।

'अमरावती'
सी-210, पांडव नगर
दिल्ली-110 092
23 जनवरी, 1989

गुणाकर मुले

अपनी बात

लिपि मानव का एक महान आविष्कार है । जब से पुराने लेख मिलते हैं, तब से मानव के 'इतिहास' की शुरुआत मानी जाती है । मुख्यतः पुराने लेखों के आधार पर ही इतिहास रचा जाता है ।

पुराने जमाने में हमारे देश में इतिहास के बहुत कम ग्रंथ लिखे गए । लेकिन हमारे देश के कोने-कोने से हजारों पुरालेख मिले हैं, शिलालेख मिले हैं, स्तंभलेख मिले हैं, ताम्रपत्र मिले हैं, हस्तलिपियाँ मिली हैं । इन्हीं अभिलेखों के आधार पर भारत का इतिहास रचा गया है, रचा जा रहा है । इसलिए इतिहास में रुचि रखनेवाले हर व्यक्ति को पुरालिपियों की थोड़ी-बहुत जानकारी अवश्य होनी चाहिए ।

पुरानी लिपियों की जानकारी न होने से बहुत-से लोग पुराने सिक्कों तथा ताम्रपत्रों को गला देते हैं और शिलालेख एवं स्तंभलेख इमारतों की दीवारों में चुनवा देते हैं ! इस प्रकार हमारे देश की यह अमूल्य संपत्ति नष्ट हो रही है । हर साल नए शिलालेख, ताम्रपत्र तथा हस्तलेख खोजे जा रहे हैं और आगे भी खोजे जाएँगे । इसलिए भी पुरालिपियों की पहचान जरूरी है ।

जो विद्यार्थी आगे जाकर भारतीय इतिहास व संस्कृति का गहन अध्ययन करना चाहते हैं, उनके लिए तो पुरालिपियों का ज्ञान परमावश्यक ही है । पुरालिपि का ज्ञान होने से कोई भी व्यक्ति मूल अभिलेखों को स्वयं पढ़ सकता है । जैसे, यदि किसी को प्राकृत भाषा का ज्ञान हो तो दो-तीन घंटे के भीतर ब्राह्मी लिपि सीखकर वह अशोक के अभिलेख आसानी से पढ़-समझ सकता है ।

हमारे देश की सारी लिपियाँ, उर्दू की लिपि को छोड़कर, एक मूल लिपि **ब्राह्मी** से विकसित हुई हैं । ब्राह्मी लिपि को जान लेने के बाद आगे के विकसित ब्राह्मी अक्षरों को भी धीरे-धीरे सीखा जा सकता है ।

आज दक्षिण भारत की लिपियाँ कुछ भिन्न दिखाई देती हैं, परंतु इनका विकास भी ब्राह्मी से ही हुआ है । इतना ही नहीं, सिंहली, तिब्बती और दक्षिण-पूर्व एशिया के अनेक देशों की लिपियाँ भी ब्राह्मी से ही विकसित हुई हैं । लिपि की दृष्टि से पूरा भारतीय उपमहाखंड एक सूत्र में बँधा हुआ है ।

पुरालिपियों के अध्ययन को काफी कठिन समझा जाता है। लेकिन बात ऐसी नहीं है। हाँ, पुरालेखों के गहन अध्ययन के लिए संस्कृत और प्राकृत जैसी पुरानी भाषाओं का अच्छा ज्ञान होना चाहिए। लेकिन इन भाषाओं की अल्प जानकारी होने पर भी पुरालेखों का अध्ययन किया जा सकता है।

भारतीय पुरालिपियों के बारे में हिंदी व अंग्रेजी में बहुत कम ग्रंथ लिखे गए हैं। हिंदी में सिर्फ पंडित गौरीशंकर ओझा का ग्रंथ है। अब डा. बूलर के ग्रंथ का भी हिंदी में अनुवाद हो चुका है। ये ग्रंथ बहुत पहले लिखे गए थे और ये गंभीर अध्ययन के लिए हैं।

पुरालिपियों के आरंभिक अध्ययन के लिए हिंदी में कोई पुस्तक नहीं है। इसी अभाव की पूर्ति के लिए मैंने यह पुस्तक लिखी है। मुझे विश्वास है कि इस पुस्तक से विद्यार्थियों को भारतीय पुरालिपियों के बारे में प्राथमिक जानकारी मिलेगी, वे इतिहास की रचना में पुरालेखों के महत्त्व को समझेंगे और आगे इस विषय के गहन अध्ययन के लिए प्रेरित होंगे। मुझे विश्वास है कि स्कूल-कॉलेज के इतिहास के विद्यार्थी एवं अध्यापक इस पुस्तक को उपयोगी पाएँगे।

इस पुस्तक की सीमा में बहुत अधिक चित्र देना संभव नहीं था। फिर भी विद्यार्थी यदि कोशिश करें तो दिए हुए नमूनों से भारतीय पुरालिपियों की विविध शैलियों का अच्छा परिचय प्राप्त कर सकते हैं। सबसे पहले ब्राह्मी लिपि के अक्षरों को अच्छी तरह सीख लेना जरूरी है। इससे आगे का अध्ययन सरल होगा। पुस्तक में मैंने प्रायः सभी प्रमुख लिपि-शैलियों के नमूने दिए हैं। पुरालेखों के इन नमूनों को लिप्यंतरण के साथ पढ़ते चले जाने से ब्राह्मी लिपि की विविध शैलियों की अच्छी जानकारी हो सकती है।

इस पुस्तक को पढ़ने के बाद भारतीय पुरालिपि के गहन अध्ययन के लिए जिन ग्रंथों को पढ़ा जा सकता है, उनकी सूची परिशिष्ट में है। प्रथम प्रकरण में मैंने पुरालिपि के अध्ययन के महत्त्व पर प्रकाश डाला है। 'विदेशों में भारतीय लिपि' और 'लेखन-पद्धति तथा लेखनसामग्री' पर अलग प्रकरण हैं।

सिंधु लिपि अभी अज्ञेय है। एक स्वतंत्र प्रकरण में मैंने इस लिपि के बारे में उपयोगी जानकारी दी है। अरबी-फारसी लिपि के उद्गम एवं विकास के बारे में भी थोड़ी जानकारी दे दी है। ब्राह्मी की तरह भारतीय इतिहास में खरोष्ठी लिपि का भी महत्त्व है, इसलिए इसके बारे में मैंने एक स्वतंत्र प्रकरण में जानकारी दी है और खरोष्ठी लेखों के कुछ नमूने भी दिए हैं।

इसी पुस्तकमाला में मेरी **भारतीय अंक-पद्धति की कहानी** और **भारतीय सिक्कों की कहानी** पुस्तकें प्रकाशित हो रही हैं। अंक-संकेतों

तथा सिक्कों पर अंकित लेखों के बारे में विस्तृत जानकारी इन दो पुस्तकों में मिलेगी।

भारतीय लिपियों की कहानी लिखने में मुझे अनेक ग्रंथों से मदद मिली है, विशेषतः पुरालेखों की आकृतियाँ तैयार करने में। इसलिए इन ग्रंथों के लेखकों के प्रति मैं अपनी कृतज्ञता प्रकट करता हूँ। इस पुस्तक की रचना में पं. ओझा, डा. बूलर और डा. शिवराममूर्ति के ग्रंथों से मुझे विशेष सहायता मिली है।

पुरालेखों के नमूने प्रकरणों के अंत में अधिकतर बाएँ पृष्ठ पर दिए गए हैं और दाएँ पृष्ठ पर उनका देवनागरी लिप्यंतरण है। पाठ में यथास्थान इन पुरालेखों के निर्देश दिए गए हैं। जैसे, चित्र 8-5 के लिए उसी प्रकरण के अंत में चित्र 8 में 5 नंबर के पुरालेख को देखिए। परिशिष्ट-1 में ब्राह्मी से विकसित आधुनिक भारत की लिपियों की तालिकाएँ हैं, जो एक सोवियत ग्रंथ के आधार पर बनी हैं।

आशा है, इस कृति का स्वागत होगा।

—गुणाकर मुले

क्रम

परिशिष्ट :

पुरालिपियों के अध्ययन का महत्त्व

अभी कुछ साल पहले की घटना है। महानगरी दिल्ली की श्रीनिवासपुरी कॉलोनी के समीप के ऊँचे-नीचे पथरीले मैदान में नए मकान बनाने की योजना बनी थी। इंजीनियर सर्वेक्षण करने में जुट गए।

करीब चार-पाँच मीटर ऊँची एक चट्टान को सुरंग लगाकर तोड़ना था। निरीक्षण के लिए एक इंजीनियर उस चट्टान के ऊपर पहुँचे। वहाँ के करीब दो मीटर लंबे-चौड़े खुरदरे स्थान पर उनकी नजर टिकी रह गई। उन्होंने गौर से देखा। वहाँ उन्हें कुछ अस्पष्ट अक्षर दिखाई दिए। वे समझ गए कि ये पुराने अक्षर हैं। उन्होंने सुरंग लगाने का काम रोक दिया और भारत सरकार के पुरातत्व-विभाग के अधिकारियों को चट्टान पर खुदे हुए उस लेख की सूचना दे दी।

पुरातत्व-विभाग के अधिकारी घटना-स्थल पर पहुँचे। लेख को देखकर उन्हें बड़ी खुशी हुई, क्योंकि वह एक बहुत पुराना और महत्त्वपूर्ण लेख था। वह **सम्राट अशोक** (शासनकाल : 272-232 ई. पू.) का लेख था। लगभग बाईस सौ साल पुराना लेख ! पिछली बाईस सदियों से वह चट्टान धूप, सर्दी तथा वर्षा के आघातों को सहती आ रही है। लेख की खोज होने के पहले बच्चे उस चट्टान पर खेलते थे। गड़रिये उस चट्टान पर बैठकर दूर-दूर तक चरते अपने चौपायों पर नज़र रखते थे। पर किसी ने उस पुराने लेख को नहीं देखा था। देखा भी हो तो वे उस लेख के महत्त्व को समझने में असमर्थ थे !

अशोक का एक नया लेख—लघु-शिलालेख—प्रकाश में आया। दिल्ली के इतिहास की दृष्टि से यह लेख विशेष महत्त्व का है। इस समय दिल्ली में सम्राट अशोक के दो और स्मारक हैं। ये हैं दो **अशोक-स्तंभ**। एक अशोक-स्तंभ फीरोजशाह कोटला में खड़ा है और दूसरा रिज़ पर। किंतु ये अशोक-स्तंभ मूलतः दिल्ली के स्मारक नहीं हैं। 1356 ई. में दिल्ली का सुलतान **फीरोजशाह तुगलक** इन स्तंभों को टोपरा और मेरठ से दिल्ली उठा लाया था।

किंतु ऊपर जिस लघु-शिलालेख की हमने चर्चा की है, वह मूलतः दिल्ली का ही है। दिल्ली में अशोक के इस शिलालेख की खोज होने से यह सिद्ध हो गया कि आज से बाईस-तेईस सौ साल पहले भी दिल्ली नगर (प्राचीन **इंद्रप्रस्थ**) आबाद था। दिल्ली के पुराने किले की खुदाई हुई है। वहाँ से भी मौर्यकाल के कुछ पुरावशेष मिले हैं।

यह हुआ पुरालेखों के महत्त्व का केवल एक उदाहरण। पिछले करीब डेढ़ सौ सालों में देश के कोने-कोने से अशोक के बहुत सारे लेख मिले हैं। इन लेखों में अशोक स्वयं बोलते हैं, स्वयं अपने बारे में जानकारी देते हैं। यदि ये लेख न होते तो आज हमें अशोक के बारे में बहुत कम जानकारी मिलती। अशोक के कुछ लेखों में पश्चिमी एशिया के कुछ यवन शासकों के नाम मिलते हैं। उन शासकों के शासनकाल की तिथियाँ हमें मालूम हैं। इसलिए अशोक के शासनकाल के बारे में भी हमें ठोस जानकारी मिल जाती है। इस प्रकार भारतीय इतिहास व संस्कृति के एक अत्यंत महत्त्वपूर्ण काल—अशोक के शासनकाल—के बारे में हमें बहुत सारी बातें जानने को मिलीं।

भारतीय इतिहास की रचना में पुरालेखों ने कितना बड़ा योग दिया है, इसे समझने के लिए कुछ और उदाहरण लीजिए। उड़ीसा के भुवनेश्वर नगर से कुछ दूरी पर **हाथीगुंफा** नामक स्थान है। वहाँ गुफा के ऊपर एक लंबा-चौड़ा लेख खुदा हुआ है, जिसके अक्षर ईसा पूर्व एक-दो सदी पहले के हैं। इस लेख में **कलिंगराज खारवेल** ने अपने बारे में जानकारी दी है। लेकिन ताज्जुब की बात है कि हमें किसी भी ग्रंथ में इस शक्तिशाली राजा के बारे में जानकारी नहीं मिलती। खारवेल जैन धर्म का अनुयायी था, किंतु किसी भी जैन ग्रंथ में उसके नाम का उल्लेख नहीं मिलता! सिर्फ इसी **हाथीगुंफा** लेख से कलिंगराज खारवेल के बारे में जानकारी मिली है।

हमारे देश में, मुख्यतः गुप्तकाल में, ढेर सारे पुराण-ग्रंथ लिखे गए। इनमें राजाओं की वंशावलियाँ और उनके शासनकाल के बारे में थोड़ी-बहुत जानकारी मिल जाती है। किंतु यह जानकारी इतनी अविश्वसनीय है कि इसके आधार पर इतिहास नहीं रचा जा सकता। गुप्तों के काल में लिखे गए इन पुराणों में गुप्त सम्राटों के बारे में ही ठोस जानकारी नहीं मिलती।

आज हम जानते हैं कि **समुद्रगुप्त** एक प्रतापी सम्राट हुआ और वह बहुत सारे राज्यों को जीतता हुआ सुदूर दक्षिण भारत तक पहुँचा था। समुद्रगुप्त के बारे में यह सारी जानकारी किसी ग्रंथ में नहीं, बल्कि उसकी प्रशंसा में लिखे गए एक लेख (**प्रशस्ति**) में मिलती है। यह प्रशस्ति संस्कृत

भाषा में और गुप्तकाल की ब्राह्मी लिपि में प्रयाग के अशोक-स्तंभ पर खुदी हुई है। दरबारी कवि **हरिषेण** इस प्रशस्ति के लेखक हैं। इस स्तंभ पर अशोक के भी लेख हैं। अशोक ने यह स्तंभ कौशांबी में खड़ा किया था। बाद में कोई शासक इसे प्रयाग उठा लाया था। आज यह अशोक-स्तंभ इलाहाबाद के किले में खड़ा है। इस स्तंभ पर खुदी हुई समुद्रगुप्त की प्रशस्ति में गुप्त सम्राटों की वंशावली दी गई है, परंतु इसमें कोई तिथि नहीं है।

लेख में यदि तिथि दी हुई रहती है तो उसका बड़ा महत्त्व होता है। दक्षिण भारत के **ऐहोले** स्थान (बीजापुर जिला) से एक पुराने जैन मंदिर से **चालुक्य-नरेश पुलकेशिन्** (द्वितीय) की प्रशस्ति मिली है। इस प्रशस्ति के लेखक हैं जैन कवि **रविकीर्ति** । यह प्रशस्ति शक-संवत् 556 (634 ई.) में खोदी गई थी। इतिहास की दृष्टि से इस प्रशस्ति तथा इसमें दी गई तिथि का बड़ा महत्त्व है। उस समय **हर्षवर्धन** उत्तर भारत का शासक था। लेकिन हर्ष के किसी भी लेख में हमें जानकारी नहीं मिलती कि उसे पुलकेशिन् ने हराया था। यह जानकारी हमें **ऐहोले प्रशस्ति** में मिलती है और चीनी यात्री **युवान्-च्वाङ्** भी इस तथ्य का समर्थन करते हैं।

महाकवि कालिदास के जीवनकाल के बारे में अभी तक हमें ठोस जानकारी नहीं मिल पाई है। ऐहोले प्रशस्ति के लेखक **रविकीर्ति** अपनी तुलना कवि **भारवि** और **कालिदास** के साथ करते हैं। अतः यह निश्चित हो जाता है कि कालिदास 634 ई. के पहले हुए अधिकांश विद्वानों का मत है कि कालिदास 400 ई. के आसपास हुए।

काठियावाड़ में जूनागढ़ शहर के पास गिरनार (प्राचीन गिरिनगर) नामक एक पहाड़ी है। इस पहाड़ी की एक चट्टान पर सम्राट अशोक के चौदह लेख खुदे हुए हैं। इससे स्पष्ट होता है कि अशोक के साम्राज्य का विस्तार पश्चिम में सौराष्ट्र तक था।

गिरनार की इसी चट्टान पर **महाक्षत्रप रुद्रदामन** (150 ई.) का बीस पंक्तियों का एक लेख खुदा हुआ है। रुद्रदामन उज्जयिनी (अवंती) का शासक था। अशोक के लेख उस समय की प्राकृत भाषा में हैं। लेकिन रुद्रदामन का यह **गिरनार लेख** संस्कृत भाषा में है। संस्कृत भाषा में लिखा गया यह सबसे पुराना लंबा लेख है।

रुद्रदामन के इस लेख में जानकारी मिलती है कि चंद्रगुप्त मौर्य के एक राष्ट्रिक (प्रांतीय शासक) वैश्य पुष्यगुप्त ने एक छोटी नदी को रोककर गिरिनगर के पास सुदर्शन नामक सरोवर का निर्माण करवाया था। फिर सम्राट अशोक के एक सामंत यवनराज तुषास्फ ने इस सरोवर को

ठीक-ठाक करवाया। लेकिन ईसा की दूसरी सदी के मध्यकाल में बाढ़ के कारण इस सरोवर का बाँध टूट गया था। इसलिए रुद्रदामन की आज्ञा से बाँध को तीन गुना ऊँचा बनाया गया और पूरे सरोवर की मरम्मत की गई। **दुर्दर्शन** सरोवर फिर से **सुदर्शन** हो गया।

गिरनार की इसी चट्टान पर एक और लेख खुदा हुआ है। यह है गुप्त सम्राट **स्कंदगुप्त** का लेख। रुद्रदामन के बाद सुदर्शन सरोवर का बाँध फिर टूट गया था। इसलिए स्कंदगुप्त की आज्ञा से उसके एक प्रतिनिधि चक्रपालित ने 458 ई. में पुनः इस सरोवर की मरम्मत करवाई।

कितने महत्त्व की है पुरालेखों से प्राप्त यह सारी जानकारी! ऐसी ही बूँद-बूँद जानकारी एकत्र करके पिछले करीब डेढ़ सौ सालों में भारत का सिलसिलेवार इतिहास रचा गया है। ऐसी सूक्ष्म और प्रामाणिक जानकारी पुराने ग्रंथों में भी नहीं मिलती।

दरअसल, इतिहास को दृष्टि में रखकर हमारे देश में इक्के-दुक्के ग्रंथ ही लिखे गए हैं। पुराणों में ऐतिहासिक जानकारी कम और मनगढ़ंत बातें अधिक हैं। उनसे हज़ार गुनी प्रामाणिक जानकारी हमें विदेशी यात्रियों के विवरणों में मिलती है। प्राचीन भारत के किसी भी ग्रंथ में हमें पश्चिमोत्तर भारत पर सिकंदर के हमले की जानकारी नहीं मिलती। यूनानी लेखकों के विवरण उपलब्ध न होते, तो चंद्रगुप्त मौर्य तथा हिंद-यवन काल का भारतीय इतिहास अंधकारमय ही रह जाता।

इसी प्रकार **फाहियान, युवान्-च्वाङ्** तथा **ई-चिङ्**-जैसे चीनी पर्यटकों के विवरणों से हमें तत्कालीन भारत के इतिहास के बारे में ठोस जानकारी मिलती है। भारत के ज्ञान-विज्ञान के बारे में 1030 ई. में लिखा गया **अल्बेरूनी** का ग्रंथ भी बड़े महत्त्व का है। इसी प्रकार, **कल्हण** की **राजतरंगिणी** और बाणभट्ट के **हर्षचरित**-जैसे कुछ ग्रंथ भी इतिहास की दृष्टि से महत्त्व के हैं।

लेकिन केवल इन ग्रंथों की जानकारी पर निर्भर रहकर भारत का प्रामाणिक इतिहास जाना ही नहीं जा सकता। उदाहरण के लिए, बाणभट्ट के **हर्षचरित** को ही लीजिए। राज्यवर्धन की मृत्यु, राज्यश्री का जंगलों में भटकना, आदि बातों के बारे में हर्षचरित में उपन्यास-जैसा वर्णन है। बाणभट्ट हमें मालवा और बंगाल के शासक (शशांक) के नाम भी नहीं बताते। हर्ष की शासन-व्यवस्था के बारे में अधिक जानकारी हमें युवान्-च्वाङ् के विवरण में, हर्ष के अपने लेखों में और पुलकेशिन् की ऐहोले-प्रशस्ति में मिलती है।

अतः इतिहास की रचना में पुरालेखों का महत्त्व निर्विवाद है। कुछ शासकों के बारे में तो हमें सिर्फ पुरालेखों से ही जानकारी मिलती है। पुराने

सिक्कों पर भी शासकों के नाम तथा उनके विरुद अंकित रहते हैं। प्राचीन भारत के कुछ शासकों के सिर्फ सिक्के ही मिले हैं।

प्राचीन भारत के अनेकानेक शासकों और सेठों ने समय-समय पर ब्राह्मणों और **श्रमणों** (बौद्ध व जैन साधुओं) को दान दिए, श्रमणों के लिए पहाड़ों को काटकर गुफाएँ बनवाईं और स्तूप, चैत्य तथा मंदिर बनवाए। इसलिए गुफाओं, चैत्यों तथा मंदिरों में बहुत सारे **दानलेख** मिलते हैं। इन दानलेखों के अध्ययन से हमें शासकों के धार्मिक अनुराग तथा तत्कालीन धार्मिक परिस्थिति के बारे में जानकारी मिलती है।

प्राचीन मूर्तियों तथा स्तूपों की वेदिकाओं पर भी बहुत सारे दानलेख मिले हैं। इन दानलेखों में दाता के नाम तो मिलते हैं, परंतु जिन्होंने इन कलाकृतियों का निर्माण किया है, उन कलाकारों और शिल्पियों का शायद ही कहीं उल्लेख हुआ हो। इसलिए हम नहीं जानते कि **अजंठा** (अजंता), वेरूल (एलोरा), भारहुत, अमरावती, साँची आदि स्थानों की अनुपम कलाकृतियों के निर्माता कौन थे।

पुराने जमाने में विद्यानुरागी ब्राह्मणों को और मठों तथा विहारों को पूरे गाँव दान में दिए जाते थे। राजा द्वारा ब्राह्मणों को दिए गए भूमिदान को **अग्रहार** कहते हैं। ऐसे दान के लिए राज्यादेश जारी किए जाते थे। फिर दान के इस विवरण को ताँबे के पत्रों पर बड़ी सावधानी से खोदा जाता था। इन्हें ही **ताम्रपत्र** या **ताम्रशासन** कहते हैं। इन ताम्रपत्रों में छेद करके इनमें एक मोटी कड़ी डाल दी जाती थी और इसके जोड़ पर राजमुद्रा का ठप्पा लगा दिया जाता था।

भारत के विभिन्न प्रदेशों से ऐसे हजारों ताम्रपत्र मिले हैं। ऐसे ताम्रपत्रों में प्रायः राजा की विस्तृत वंशावली, तिथि या शासनकाल का वर्ष दिया रहता है। यह जानकारी बड़े महत्त्व की होती है। कांचीपुरम् के पल्लव शासकों का और महाविदर्भ के वाकाटक नृपतियों का इतिहास मुख्यतः ताम्रपत्रों में दी गई जानकारी के आधार पर ही रचा गया है।

ताम्रपत्र में उस स्थान का भी उल्लेख रहता है जहाँ से राजा की ओर से वह ताम्रपत्र दिया जाता है। अग्रहार में दी गई भूमि या गाँव की सीमाओं के बारे में भी उसमें विस्तृत जानकारी रहती है। जिस **विषय** (जिले) और **भुक्ति** (सूबे) में वह भूमि या गाँव होता है, उनके भी नाम ताम्रपत्र में दिए रहते हैं। ताम्रपत्रों के इस विवरण से प्राचीन भारत के भूगोल के बारे में महत्त्वपूर्ण जानकारी मिलती है। यह भी पता चलता है कि आज के गाँव व नगर प्राचीन काल में किन नामों से जाने जाते थे। जैसे, आज का तिरहुत (बिहार) प्राचीन तीरभुक्ति है।

जाली शिलालेख बहुत कम मिले हैं। किंतु जाली ताम्रपत्र बड़ी आसानी से बनाए जा सकते हैं। ऐसे जाली ताम्रपत्रों को **कुताम्र** या **कूटशासन** कहते थे। ये पुराने शब्द हैं। **मनुस्मृति** (अध्याय 9, श्लोक 232) में उल्लेख है कि, कूटशासन तैयार करनेवाले को राजा की ओर से मृत्युदंड मिलना चाहिए। फिर भी धनलोलुप ब्राह्मणों ने समय-समय पर बहुत सारे जाली ताम्रपत्र बनाए हैं। ऐसे जाली ताम्रपत्र हर्षकाल में भी बने हैं। भारतीय पुरालिपिशास्त्र के प्रख्यात पंडित **फ्लीट** महाशय ने 1901 ई. में ऐसे करीब 55 जाली ताम्रपत्रों की एक सूची प्रकाशित की थी। उसके बाद और भी कई कूटशासन प्रकाश में आए हैं। आज के पुरालिपिविद ऐसे जाली ताम्रपत्रों को पहचान लेते हैं।

पिछले करीब दो सौ साल में भारत के कोने-कोने में, मठों-मंदिरों में, गुफाओं में, घरों में और खंडहरों में हज़ारों ताम्रपत्रों और सैकड़ों शिलालेखों की खोज हुई है। देश-विदेश के पुरालिपिविदों ने इनका गहन अध्ययन किया है, शास्त्रीय पत्रिकाओं में इन्हें प्रकाशित करके इनके बारे में विस्तृत जानकारी दी है। इसी जानकारी के आधार पर भारतीय इतिहास व संस्कृति की बहुत सारी विलुप्त कड़ियों को पुनः जोड़ना संभव हुआ है। अब भी हर साल दस-पंद्रह ताम्रपत्र और शिलालेख प्रकाश में आ ही जाते हैं।

लेकिन यह बड़े खेद की बात है कि हमारे देश के बहुत-से लोग अब भी पुरालेखों के महत्त्व को नहीं समझते हैं। प्राचीन काल के राजाओं और सामंतों द्वारा दिए गए ताम्रपत्रों का आधुनिक शासन-व्यवस्था की दृष्टि से कोई महत्त्व नहीं रह गया है, इसलिए सिर्फ ताँबे के लिए ऐसे ताम्रपत्रों को आज भी बड़ी संख्या में गलाया जा रहा है! हर साल ऐसे अनेक ताम्रपत्र गला दिए जाते हैं। इसी प्रकार, पुराने सिक्के भी गला दिए जाते हैं। गलानेवाले नहीं जानते कि वे देश की इस अमूल्य संपत्ति को सदा के लिए नष्ट कर दे रहे हैं। खानदानी परिवारों में अब भी ताम्रपत्र और पुराने सिक्के सुरक्षित हो सकते हैं। ये अमूल्य चीजें संग्रहालयों या पुरातत्त्व-विभाग के अधिकारियों को सौंप देना हमारा परम कर्त्तव्य है। पुराविद जब इनका विवरण प्रकाशित करते हैं, तो उस व्यक्ति के नाम का अवश्य उल्लेख करते हैं जिससे वे ताम्रपत्र या सिक्के प्राप्त होते हैं। संग्रहालय इन वस्तुओं के लिए धनराशि भी देते हैं।

पुरालिपियों की जानकारी न होने से और पुरालेखों का महत्त्व न समझने के कारण हमारे देश के पुरावशेषों की बड़ी बरबादी हुई है, हो रही है। बहुत-से पुरावशेष विदेशों में चले गए हैं, चोरी-छिपे आज भी जा रहे हैं। हमारे देश की बहुमूल्य हस्तलिपियाँ आज विदेशी संग्रहालयों की शोभा बढ़ा रही हैं। संतोष यही है कि आज वे वहाँ सुरक्षित हैं।

पिछली कुछ सदियों में हमारे देश में पुरालेखों की बड़ी बरबादी हुई है। अमरावती के प्रख्यात बौद्धस्तूप के शिलापट्टों पर उत्कीर्ण शिल्पों एवं लेखों को मिटाकर उन्हें एक अन्य इमारत में चुन दिया गया है। काँचीपुरम् के एक मंदिर के स्तंभों पर **कवि मयूर** का **सूर्यशतक** काव्य खुदा हुआ था। बचे हुए एक खंडित स्तंभ को भी मंदिर के अधिकारियों ने दूसरी इमारत में चुनवा दिया। इसी प्रकार और भी कई स्थानों के पुरालेख नष्ट कर दिए गए।

पुरालेख मानव संस्कृति की बहुमूल्य संपत्ति है। आदमी ने जब से लिखना शुरू किया, तब से ऐतिहासिक युग की शुरूआत मानी जाती है। इसलिए पुरालेखों और पुरावशेषों के आधार पर ही विलुप्त इतिहास व संस्कृति का आज हम पुनर्निर्माण कर सकते हैं। पुरालेखों के अध्ययन से ही प्राचीन मिस्र, मेसोपोटामिया, ईरान, क्रीट द्वीप आदि की सभ्यताएँ प्रकाश में आई हैं। इसलिए पुरालिपियों का महत्त्व स्पष्ट है। किसी भी देश के इतिहास के अध्येता के लिए पुरालिपियों की जानकारी परमावश्यक है। पुरालिपियों के अध्ययन से हमें यह भी जानकारी मिलती है कि पुरानी लिपियों से हमारी आज की लिपियाँ किस प्रकार विकसित हुई हैं।

अब हम भारतीय लिपियों के उद्गम एवं विकास की सिलसिलेवार कहानी शुरू करते हैं।

भारतीय लिपियों का उद्गम एवं विकास

लेखन का आरंभ

इस धरती पर मानव का अस्तित्व पिछले करीब दस लाख साल से है। पाँच लाख साल पहले के मानव पत्थरों के हथियारों का इस्तेमाल करते थे, आग की खोज कर चुके थे और भाषा को भी जन्म दे चुके थे।

लगभग दस हजार साल पहले **नवपाषाण युग** की शुरुआत हुई, पत्थर के अधिक सूक्ष्म एवं सुघड़ औजार बने, कृषिकर्म की शुरुआत हुई और गाँवों की स्थापना होने लगी। किंतु अभी लेखन की शुरुआत नहीं हुई थी। हाँ, उस समय सरल-से कुछ अंक-संकेत व भाव-संकेत अस्तित्व में आ चुके थे।

करीब छह हजार साल पहले **ताम्रयुग** की शुरुआत हुई। ताँबे और काँसे के औजार बनने लगे। नगरों की स्थापना होने लगी। पुरोहित-राजाओं का केंद्रीय शासन शुरू हुआ। संचित संपत्ति का हिसाब रखने के लिए और राजाज्ञाओं को जारी करने के लिए अब **लिपि** की जरूरत थी। इसलिए पहली बार ताम्रयुग में बहुत सारी लिपियों ने जन्म लिया। प्राचीन भारत की सिंधु सभ्यता और मेसोपोटामिया, मिस्र तथा चीन की प्राचीन सभ्यताएँ ताम्रयुग की सभ्यताएँ थीं। इन सभी प्राचीन सभ्यताओं ने लिपियों को जन्म दिया।

लेकिन ताम्रयुग की ये लिपियाँ आज की अधिकांश लिपियों की तरह वर्णमालात्मक नहीं थीं। लिपियों का आरंभ चित्र-संकेतों तथा भावचित्रों से हुआ। पाषाण युग के मानव भी अपनी गुफाओं की दीवारों पर सुंदर चित्र बनाते थे। यूरोप व अफ्रीका की प्राचीन गुफाओं से बीस-पच्चीस हजार साल पुराने ऐसे अनेक चित्र मिले हैं। भारत से भी पाँच-छह हजार साल पुराने गुफाचित्र मिले हैं। अभी कुछ समय पूर्व **भीमबैठका** (मध्यप्रदेश) की करीब 475 गुफाओं में लगभग छह-सात हजार साल पुराने बहुत-से चित्रों की खोज हुई है।

लेखन का आरंभ **चित्रलिपि** से हुआ। एक छोटा वृत्त खींचकर उसके चारों ओर किरणों की रेखाएँ खींची जाएँ तो यह चित्र या संकेत 'सूर्य' का द्योतक होगा। फिर इसी संकेत से 'तारे' का भी बोध हो सकता है। यह संकेत 'धूप' का भी द्योतक हो सकता है। तब हम इसे **भाव-संकेत** कहेंगे। इसी प्रकार, दो पैरों के संकेत से 'चलने' या 'दौड़ने' का बोध हो सकता है। ऐसे ही चित्र-संकेतों और भाव-संकेतों से लेखन की शुरुआत हुई। ऐसे कुछ चित्र-संकेत और भाव-संकेत नवपाषाण युग में ही अस्तित्व में आ चुके होंगे। आज के वैज्ञानिक युग में भी हम ऐसे बहुत सारे भाव-संकेतों का इस्तेमाल करते हैं। सड़कों के किनारे खड़े किए गए सूचना-पट्टों पर ऐसे भाव-संकेत देखने को मिलते हैं। अखबारों में भी ऐसे अनेक भाव-संकेत रहते हैं।

प्राचीन **सुमेर** से सबसे पुरानी लिपि के लेख प्राप्त हुए हैं। फारस की खाड़ी के ऊपर, दजला-फरात नदियों के मुहाने के पास के प्रदेश में, करीब पाँच हजार साल पहले सुमेरी लोगों की बस्तियाँ थीं। मिट्टी की मुहरों और फलकों पर अंकित लगभग 3000 ई. पू. के सुमेरी लेख मिले हैं। सुमेरी लिपि मुख्यतः भावचित्रात्मक थी (चित्र 1-1)। इसमें हजारों चित्र और भावचित्र थे। सुमेरी लिपि का जन्म करीब छह हजार साल पहले हुआ था।

प्राचीन मिस्र से 3000 ई. पू. से पुरालेख मिलने लग जाते हैं। आज हम प्राचीन मिस्र की इस लिपि को **हाइरोग्लिफिक** (चित्र-संकेत) लिपि के नाम से जानते हैं। उस समय भी यह कुछ विकसित लिपि थी, इसमें कुछ ध्वनि-संकेत भी अस्तित्व में आ गए थे। इसलिए अवश्य ही इसका जन्म ईसा पूर्व चौथी सहस्राब्दी में हुआ होगा। हाइरोग्लिफिक लिपि के दो घसीटे रूप भी अस्तित्व में आ चुके थे। इन्हें हम **हिराटिक** और **देमोतिक** लिपियों के नाम से जानते हैं (चित्र 1-5 और 1-6)।

करीब पाँच हजार साल पहले **चीनी लिपि** भी जन्म ले चुकी थी। यह भावचित्रात्मक लिपि थी। वर्तमान चीनी लिपि भी भावचित्रात्मक ही है (चित्र 1-7)।

मिस्र की पुरालिपियों का उद्घाटन पिछली सदी के प्रथम चरण में हुआ। आज हम मिस्र के सभी पुरालेखों को पढ़ सकते हैं। सुमेरी लिपि को बाद में (2500 ई. पू. के आसपास) **अक्कदियों** ने अपनाया था। गीली मिट्टी के फलकों पर नुकीली कलम से इस लिपि के संकेत उकेरे जाते थे और बाद में इन फलकों को सुखाया जाता था। फलकों पर अंकित ये अक्षर कील के आकार के दिखाई देते हैं, इसलिए इस सुमेरी-अक्कदी (बेबीलोनी) लिपि को **कीलाक्षर** (क्यूनेफॉर्म) लिपि का नाम दिया गया है (चित्र 1-2 और 1-3)। इस लिपि का उद्घाटन भी पिछली सदी के प्रथम चरण में ही हुआ।

किंतु ताम्रयुग की एक और लिपि है, जिसका अभी तक उद्घाटन नहीं हो पाया है। यह है **सिंधु सभ्यता की लिपि**। प्राचीन भारत की इस सिंधु सभ्यता का उद्घाटन 1920 ई. के बाद हुआ। 1921-22 में **मोहनजोदड़ो** और **हड़प्पा** नगरों की खोज हुई। ये स्थल अब पाकिस्तान में चले गए हैं। लेकिन 1947 ई. के बाद काठियावाड़, राजस्थान, पंजाब और पश्चिमी उत्तर प्रदेश में सिंधु सभ्यता (हड़प्पा संस्कृति) के करीब सौ नए स्थल खोजे गए हैं।

सिंधु सभ्यता के विभिन्न स्थलों से करीब दो हजार मुहरें मिली हैं, जिन पर लिपि-संकेत तथा पशु-पक्षी-वृक्ष की आकृतियाँ उकेरी हुई हैं (चित्र 25-1)। सिंधु सभ्यता के किसी भी स्थल से ऐसा कोई लेख नहीं मिला है, जिसमें बीस से अधिक संकेत हों।

पिछले करीब पचास सालों में देश-विदेश के अनेक विद्वानों ने **सिंधु लिपि** के उद्घाटन के प्रयत्न किए हैं, किंतु अब तक किसी को भी सफलता नहीं मिली है। कुछ विद्वान इस लिपि में भाव-संकेतों और अक्षर-संकेतों का मिश्रण खोजते हैं, तो कुछ विद्वान इसे एक वर्णमालात्मक लिपि मानते हैं। लेकिन ये सारी परिकल्पनाएँ हैं। अभी तो हम यह भी नहीं जानते कि सिंधु सभ्यता के लोग कौन-सी भाषा बोलते थे और सिंधु लिपि में कौन-सी भाषा छिपी हुई है। कुछ पुरालिपिविद सिंधु लिपि में द्रविड़ परिवार की प्राचीन तमिल भाषा खोजते हैं, तो कुछ पुरालिपिविदों का दावा हैं कि इसमें प्राचीन वैदिक भाषा छिपी हुई है।

जो भी हो, ताम्रयुग की इस सिंधु सभ्यता की लिपि का उद्घाटन होना अभी बाकी है। अनेक पुरालिपिविदों ने इस लिपि के उद्घाटन के लिए जो प्रयास किए हैं, उनकी जानकारी हम एक स्वतंत्र प्रकरण में देंगे।

करीब साढ़े तीन हजार साल पहले **लौहयुग** की शुरुआत हुई। ईसा पूर्व चौदहवीं सदी में पहली बार हम पश्चिमी एशिया के **हित्ती** या **खत्ती** शासकों को लोहे के हथियारों का इस्तेमाल करते देखते हैं। **लोहा** ताँबे या काँसे से अधिक कड़ी धातु है। लोहे के औज़ारों से घने जंगल साफ करना संभव हुआ, कृषिकर्म का विकास हुआ और उत्पादन कई गुना बढ़ा। लोहे के औज़ारों ने आदमी के हाथों को अधिक बलशाली बनाया। अब उसे उसी काम को करने के लिए कम मेहनत करनी पड़ती थी। उसने दूसरे काम हाथ में लिए।

विद्वानों का मत है कि पहले-पहल लोहे की खोज कास्पियन सागर के पास की पहाड़ियों में निवास करनेवाले लोगों ने की थी। आसपास ही मूल

आर्यभाषियों* का निवास था। ईसा पूर्व दूसरी सहस्राब्दी के मध्यकाल में जब ये आर्यभाषी लोग पश्चिमी एशिया, ईरान व भारत में पहुँचे तो इन्हें लोहे का ज्ञान था। लेकिन आरंभ में लोहे को प्राप्त करना आसान नहीं था।

ताम्रयुग की मिस्र, मेसोपोटामिया व भारत की सभ्यताओं के लोग **पालतू घोड़े** से ज्यादा परिचित नहीं थे। सिंधु सभ्यता के लोग बैलगाड़ियों का इस्तेमाल करते थे। संभवतः उन्हें रथ व घोड़े की जानकारी नहीं थी। किंतु घोड़ा मूल आर्यभाषियों का मुख्य पालतू पशु था। आर्यभाषी लोग जहाँ भी गए, अपने साथ लोहे का ज्ञान और पालतू घोड़े ले गए।

संक्षेप में, आर्यभाषियों ने एक नए युग को जन्म दिया। ये घुमंतू आर्यभाषी लोग अन्य बातों में पिछड़े हुए थे। लेकिन लोहे के औज़ार और पालतू घोड़े के इस्तेमाल ने इनको श्रेष्ठ (आर्य) बना दिया। लोहे के औज़ारों ने उत्पादन को कई गुना बढ़ाया और घोड़े व रथ जैसे वाहन ने मानव-जीवन को द्रुतगामी बनाया।

इन नए साधनों ने मानव की बुद्धि को भी पैना बनाया। वह बौद्धिक क्षेत्रों में नए-नए प्रयोग करने लगा। लिपि के क्षेत्र में ये नए प्रयोग ईसा पूर्व दूसरी सहस्राब्दी के उत्तरार्द्ध में शुरू होते हैं। ईसा पूर्व 1200 के आसपास से **अक्षरात्मक** या **वर्णमालात्मक** लिपियों को जन्म देने के प्रयोग शुरू हुए।

पश्चिमी मध्य-एशिया में बसे हुए मूल आर्यभाषी लोगों की अपनी कोई लिपि नहीं थी। खानाबदोश पशुपालक लोगों को लिपि की जरूरत नहीं होती। लेकिन जब ये आर्यभाषी लोग भारत से लेकर क्रीट द्वीप व यूनान तक के देशों में जाकर बस गए और अपनी पुरानी कबीलाई प्रथा को त्यागकर राजप्रथा में पहुँच गए तो इन्हें लिपि की जरूरत पड़ी। तब इन्होंने अपनी भाषाओं के लिए स्थानीय लिपियों को अपनाया।

पश्चिमी एशिया के **हित्ती**, **मितन्नी** आदि आर्यभाषी शासकों ने 1400 ई. पू. के आसपास अक्कदी कीलाक्षर लिपि के आधार पर अपने लिए एक लिपि बना ली थी। क्रीट द्वीप में पहुँचे हुए आर्यभाषियों ने लगभग उसी समय वहाँ की प्राचीन लिपि (**रैखिक-अ**) को अपनाया। फिर इस लिपि के आधार पर एक नई लिपि (**रैखिक-ब**) बनाई (चित्र 2-1)। इंग्लैंड के

---

* यूनानी, ईरानी, वैदिक संस्कृत आदि पुरातन भाषाएँ तथा इनमें विकसित हुई यूरोप, ईरान तथा भारत की अनेक आधुनिक भाषाएँ 'इंदो-यूरोपीय भाषा परिवार' की हैं। जिस मूल भाषा से यूनानी, ईरानी, वैदिक संस्कृत तथा पश्चिम एशिया की कुछ प्राचीन भाषाओं का विकास हुआ था, उसे ही हमने 'मूल आर्यभाषा' कहा है। इसे हम 'मूल इंदो-यूरोपीय भाषा' भी कह सकते हैं। यह भाषा बोलनेवाले लोगों को ही हमने 'मूल आर्यभाषी' कहा है। 'आर्य' या 'आर्यभाषी' शब्द किसी 'शुद्ध' नस्ल विशेष के द्योतक नहीं हैं।

पुरालिपिविद **माइकेल वेन्ट्रिस** ने 1952 ई. में इस **रैखिक-ब** लिपि का उद्घाटन किया और इसमें आद्य-यूनानी भाषा खोजी। हित्ती कीलाक्षर लिपि और रैखिक-ब लिपि वर्णमालात्मक नहीं हैं। ये लिपियाँ भाव-संकेतों और अक्षर-संकेतों का मिश्रण हैं।

ईरान में पहुँचे हुए भारतीय आर्यों के भाई-बंदों ने भी बेबीलोन के कीलाक्षरों को अपनाया। कीलाक्षर लिपि में बहुत सारे अक्षर-संकेत अस्तित्व में आ गए थे। ईरानियों ने इन कीलाक्षरों के आधार पर अपनी भाषा के लिए एक नई लिपि को जन्म दिया (चित्र 1-4)। ईसा पूर्व छठी सदी के ईरान के हख़ामनी सम्राटों के लेख इसी **प्राचीन पारसी कीलाक्षर लिपि** में हैं। यह लिपि एक प्रकार की अक्षरमाला है और इसमें चार-पाँच भाव-संकेत भी हैं। 1800 ई. के आसपास इस पुरालिपि का उद्घाटन हुआ और तदनंतर अधिक प्राचीन कीलाक्षर लिपियों का भी उद्घाटन संभव हुआ।

इस प्रकार, हम देखते हैं कि मूल आर्यभाषी लोग जहाँ भी गए, वहाँ उन्होंने स्थानीय लिपियों के आधार पर नई लिपियों को जन्म दिया। ये लिपियाँ ताम्रयुग की लिपियों से कुछ बेहतर थीं, परंतु अभी वर्णमालाओं ने जन्म नहीं लिया था। सबसे पहले वर्णमालाओं को जन्म देने का श्रेय है भूमध्य सागर के पूर्वी तट के प्रदेशों में बसे हुए सेमेटिक लोगों को।

प्राचीन मिस्र की हाइरोग्लिफिक लिपि में 24 व्यंजन-संकेत अस्तित्व में आ चुके थे। मिस्र के पंडित-पुरोहित यदि चाहते तो इन व्यंजन-संकेतों में कुछ स्वर-संकेत जोड़कर एक वर्णमाला को जन्म दे सकते थे। परंतु उन्होंने पुरातन का मोह नहीं छोड़ा और वे अधिकतर अपने भाव-संकेतों का ही इस्तेमाल करते रहे। अंत में ईसा की आरंभिक सदियों में मिस्र की ये पुरालिपियाँ मर गईं और इनका ज्ञान लुप्त हो गया।

वर्णमालात्मक (व्यंजनमालात्मक) लिपियों को जन्म देने के प्रयोग शुरू हुए लौहयुग की शुरुआत होने के बाद, 1400 ई. पू. के बाद। भूमध्य सागर के पूर्वी तट के प्रदेशों में बसे हुए सेमेटिक (सामी) परिवार की भाषा बोलनेवाले लोगों ने सबसे पहले इस दिशा में प्रयोग किए और 1000 ई. पू. तक कई **व्यंजनमालाएँ** अस्तित्व में आईं। उस समय की इन व्यंजनमालाओं को **उत्तरी सेमेटिक लिपि, कनानी लिपि, फिनीशियन लिपि** आदि नाम दिए गए हैं (चित्र 2-2)। सिनाई प्रायद्वीप से प्राप्त कुछ पुरालेखों में पहली बार हमें इस **व्यंजनमाला** के दर्शन होते हैं। अरबी, हिब्रू आदि सेमेटिक परिवार की भाषाएँ हैं। इन भाषाओं का स्वरूप कुछ ऐसा है कि इन्हें लिखने के लिए स्वराक्षरों की विशेष जरूरत नहीं होती। इसलिए उस समय की इन व्यंजनमालाओं को हमें वर्णमालाएँ ही मानना चाहिए।

फिनीशियन लोग अपने समुद्री व्यापार के लिए इतिहास में प्रसिद्ध हैं। इसलिए ऐसे साहसी लोगों के हाथों लिपि का विकास होना एक स्वाभाविक बात थी। ये व्यंजनमालाएँ सेमेटिक परिवार की भाषाओं को लिखने के लिए अस्तित्व में आई थीं। परंतु जल्दी ही हम देखते हैं कि यूनान से लेकर पश्चिमोत्तर भारत तक फैले हुए आर्यभाषी लोग इन सेमेटिक व्यंजन-मालाओं को अपना लेते हैं।

यूनानियों ने क्रीट द्वीप की पुरानी लिपि को त्याग दिया और 1000 ई. पू. के आसपास फिनीशियन व्यंजनमाला के आधार पर अपनी भाषा के लिए एक नई लिपि का निर्माण किया। यूनानियों ने, न केवल फिनीशियन लिपि के संकेतों को अपना लिया, बल्कि इन संकेतों के सेमेटिक नाम (अल्फा, बीटा, गामा, इत्यादि) भी अपना लिए। इन व्यंजन-संकेतों के अलावा उन्होंने कुछ नए स्वर-संकेत गढ़े और एक पूर्ण वर्णमाला को जन्म दिया। यही है **यूनानी लिपि**, जिससे कालांतर में रोमन आदि यूरोप की लिपियों का विकास हुआ।

ईसा पूर्व छठी-पाँचवीं सदी में ईरान के हखामनी सम्राटों का राज्य भूमध्य सागर के पूर्वी तट से लेकर सिंधु नदी तक फैला हुआ था। उस समय सेमेटिक लिपि से विकसित **आरमेई लिपि** और **आरमेई भाषा** का संपूर्ण पश्चिमी एशिया में व्यवहार होता था (चित्र 2-3)। इसलिए हखामनी सम्राटों ने राजकाज के लिए इस भाषा और लिपि को भी अपनाया था।

हम बता चुके हैं कि ईरानी आर्यभाषियों ने कीलाक्षरों की एक लिपि का निर्माण कर लिया था। लेकिन बाद में उन्होंने इस लिपि को छोड़ दिया और आरमेई लिपि को अपना लिया। कालांतर में इस आरमेई लिपि के आधार पर उन्होंने **पहलवी लिपि** को जन्म दिया। फिर अपने धर्मग्रंथ **अवेस्ता** को लिपिबद्ध करने के लिए पारसियों ने आरमेई लिपि के आधार पर एक नई लिपि बनाई, जो **अवेस्ता लिपि** कहलाती है।

इसी आरमेई लिपि ने ईसा पूर्व पाँचवीं-चौथी सदी में हखामनी साम्राज्य के पूर्वी प्रांतों में—पश्चिमोत्तर भारत के गांधार आदि प्रदेशों में—एक और लिपि को जन्म दिया। यह है **खरोष्ठी लिपि** (चित्र 26 व 27)। सम्राट अशोक ने पश्चिमोत्तर भारत के अपने लेख इसी खरोष्ठी लिपि में खुदवाए हैं। बाद में कई सदियों तक भारत में और मध्य एशिया में खरोष्ठी लिपि का व्यवहार होता रहा। इस लिपि की अधिक जानकारी हम एक स्वतंत्र प्रकरण में देंगे।

ऊपर हमने दूसरे देशों की प्राचीन लिपियों की संक्षिप्त रूपरेखा प्रस्तुत की है। हमने देखा है कि ये लिपियाँ देश, भाषा और धर्म की सीमाओं को

बड़ी आसानी से तोड़ती चली गई हैं। भारत की लिपियों के उद्गम एवं विकास को समझने के लिए यह जानकारी उपयोगी सिद्ध होगी।

और एक बात। प्रायः सभी देशों के आख्यानों में लिपियों को जन्म देने का श्रेय किसी-न-किसी काल्पनिक देवी या देवता को दिया गया है। हमारे देश के आख्यानों के अनुसार लिपि के जन्मदाता **ब्रह्मा** हैं। प्राचीन मिस्र में **थोत्** देवता को लिपि का जनक माना गया था और बेबीलोन में **नेबो** देवता को। लेकिन उपर्युक्त जानकारी से स्पष्ट होता है कि स्वयं आदमी ने लिपियों को जन्म दिया है और आदमी की भौतिक एवं बौद्धिक परिस्थितियों ने ही इन लिपियों को विकास की ओर आगे बढ़ाया है।

ब्राह्मी लिपि का उद्गम

प्राप्त पुरावशेषों के अध्ययन से हम इस परिणाम पर पहुँचते हैं कि 1500 ई. पू. के आसपास सिंधु सभ्यता का पतन हो गया था। लगभग उसी समय आर्य लोग पश्चिमोत्तर भारत में पहुँचते हैं। अनेक विद्वानों का मत है कि आर्यों ने ही सिंधु सभ्यता के नगरों को ध्वस्त किया है।

किंतु सिंधु लिपि का क्या हुआ? क्या नवागत आर्यों ने अपनी भाषा को लिपिबद्ध करने के लिए इस सिंधु लिपि को अपनाया? या सिंधु लिपि के आधार पर एक नई लिपि को जन्म दिया?

आज हमारे पास इन प्रश्नों का कोई उत्तर नहीं है। 1200 ई. पू. के आसपास **ऋग्वेद** की रचना हुई थी। इस बात के लिए कोई सबूत नहीं मिलता कि आर्य पुरोहित-कवियों (ऋषियों) ने ऋग्वेद के सूक्तों को लिपिबद्ध किया था। वेदों को गुरु-शिष्य परंपरा में कंठस्थ रखने की परंपरा रही है, इसीलिए इन्हें 'श्रुति' कहते हैं। भारत में पहुँचे हुए वैदिक आर्यों का हमें कोई पुरालेख नहीं मिलता। आगे भी कई सदियों तक हमें लिपिबद्ध सामग्री नहीं मिलती।

फिर एकाएक ईसा पूर्व तीसरी सदी के मध्यकाल के, भारत के कोने-कोने से, हमें बहुत सारे लेख मिलते हैं। ये हैं **सम्राट अशोक** (272-232 ई. पू.) के अभिलेख। ये लेख उस समय की प्राकृत (मागधी) भाषा में हैं। अशोक ने अपने इन लेखों की लिपि को **धम्मलिपी** कहा है, किंतु कुछ सदियों बाद रचित हमारे देश के पुराने साहित्य में इस लिपि के लिए **बंभी या ब्राह्मी** नाम मिलता है।

अशोक के अभिलेखों की यह धम्मलिपि या ब्राह्मी लिपि (चित्र 3) एक पूर्ण विकसित वर्णमाला है, एक ध्वन्यात्मक लिपि है, एक वैज्ञानिक लिपि है। यह उस समय के सभ्य संसार की किसी भी अन्य लिपि से बेहतर है। यह

भी स्पष्ट है कि यह लिपि प्राकृत या संस्कृत भाषा की वर्णमाला को व्यक्त करने के लिए अस्तित्व में आई थी ।

अशोक के ब्राह्मी लिपि के लेख उत्तर में कालसी (देहरादून), पश्चिम में गिरनार (सुराष्ट्र), दक्षिण में कर्णाटक (मैसूर राज्य) और पूर्व में धौली (उड़ीसा) तक मिले हैं । इन सभी लेखों की लिपि एक-सी है । इससे यह सिद्ध होता है कि ईसा पूर्व तीसरी सदी के मध्यकाल तक इस लिपि का प्रचार लगभग सारे भारतवर्ष में हो गया था । अशोक के समय में ही यह लिपि श्रीलंका में भी पहुँच गई थी ।

हम बता चुके हैं कि ईरान के हख़ामनी सम्राटों के शासनकाल में गांधार देश में आरमेई लिपि के आधार पर खरोष्ठी लिपि का निर्माण किया गया था । सिकंदर के हमले (326 ई. पू.) के बाद उस प्रदेश में यवन (यूनानी) लिपि का भी प्रचार हुआ । इसलिए अशोक ने उस प्रदेश के अपने लेख इन स्थानीय लिपियों में खुदवाए । अशोक के **मानसेहरा** व **शाहबाज़गढ़ी** के लेख खरोष्ठी लिपि में हैं (चित्र 26-2) । कंदहार के पास से अशोक का एक लेख आरमेई व यूनानी लिपि में भी मिला है ।

चूँकि अशोक ने अपने लेख स्थानीय लिपियों में खुदवाए हैं, इसलिए स्पष्ट है कि अशोक के साम्राज्य के पश्चिमोत्तर प्रांत को छोड़कर शेष भारत में ब्राह्मी लिपि का ही प्रचार था । इस लिपि को सारे भारत में फैलने के लिए एक-दो सदियों का समय अवश्य ही लगा होगा ।

तीन-चार लेख ऐसे भी हैं, जिनके बारे में अनेक पुराविदों का मत है कि ये अशोक के पहले के हैं । **सहगौरा** (गोरखपुर जिले) से एक ताम्रपत्र मिला है । अनेक विद्वानों का मत है कि यह ताम्रपत्र चंद्रगुप्त मौर्य के समय (324-300 ई. पू.) का है । इसी प्रकार, **महास्थान** (बांगला देश) से प्राप्त एक लेख को अशोक के पहले का माना जाता है । **पिप्रावा** के प्राचीन बौद्ध स्तूप से एक धातुपात्र मिला है, जिस पर '**···सलिलनिधाने बुधस भगवते**···' शब्द ब्राह्मी लिपि में खुदे हुए हैं । कुछ विद्वानों का मत है कि इस बौद्ध स्तूप तथा धातु-पात्र का निर्माण बुद्ध के निर्वाण (483 ई. पू.) के तुरंत बाद किया गया था ।

लंदन के ब्रिटिश संग्रहालय में एक बेबीलोनी फलक रखा हुआ है । यह फलक संभवतः ईसा पूर्व पाँचवीं सदी का है और इस पर दो लिपियों में एक लेख खुदा हुआ है । एक है ब्राह्मी लिपि और दूसरी है बेबीलोनी-कीलाक्षर लिपि । इस लेख के ब्राह्मी अक्षर अशोक की ब्राह्मी लिपि के अक्षरों से अधिक प्राचीन जान पड़ते हैं । एक पुरालिपिविद ने इस ब्राह्मी लेख को यूँ पढ़ा है– **अखझराखनो औहर्म्युभ्यः दधतु**, अर्थात्, अखझराख के औहर्म्यु को दी जाए । उसी फलक पर अंकित कीलाक्षर लेख का भी यही आशय है ।

अतः यह एक **द्विभाषिक** लेख है ।

सारांश यह कि, अशोक के काफी पहले ब्राह्मी लिपि अस्तित्व में आ चुकी थी । ईसा पूर्व पाँचवीं-चौथी सदी के प्रख्यात वैयाकरण **पाणिनि** यूनानी लिपि से परिचित थे । उनके महान ग्रंथ **अष्टाध्यायी** की रचना कुछ इस प्रकार की है कि उसे अवश्य ही लिपिबद्ध किया गया होगा । **वेद** भले ही लिपिबद्ध न हुए हों, किंतु **वेदांग साहित्य** (शिक्षा, कल्प, निरुक्त, छंद, ज्योतिष और व्याकरण) की रचना के समय अवश्य ही लिपि का अस्तित्व रहा होगा और यह साहित्य लिपिबद्ध हुआ होगा ।

सब बातों पर विचार करके हम इस परिणाम पर पहुँचते हैं कि ईसा पूर्व पाँचवीं-छठी सदी में ब्राह्मी लिपि अस्तित्व में आ चुकी थी । यह एक वैज्ञानिक लिपि है, इसलिए इसके निर्माण में निश्चय ही वैयाकरणों का हाथ रहा होगा । किंतु आज हम नहीं जानते कि किस महापंडित ने, किस स्थान पर और ठीक किस समय इस लिपि का निर्माण किया ।

ईसा पूर्व पाँचवीं सदी में तक्षशिला (गांधार देश) विद्या का प्रसिद्ध केंद्र था । उस समय यद्यपि गांधार देश हख़ामनी साम्राज्य का एक प्रांत था, फिर भी भारत के दूसरे प्रदेशों के विद्यार्थी वहाँ विद्याध्ययन करने जाते थे । **आचार्य पाणिनि** शालातुर (गांधार देश) के ही निवासी थे । लेकिन आश्चर्य की बात है कि इसी गांधार प्रदेश में अशोक ने अपने लेख खरोष्ठी लिपि में खुदवाए ।

सिंधु लिपि और अशोक की ब्राह्मी लिपि के बीच लगभग बारह सदियों का अंतर है । क्या ब्राह्मी लिपि सिंधु लिपि के आधार पर बनाई गई थी ? कुछ पुराविदों का यही मत है । परंतु जब तक सिंधु लिपि का पूर्णतः उद्घाटन नहीं हो जाता, तब तक इस बारे में निश्चित रूप से कुछ नहीं कहा जा सकता ।

कुछ पाश्चात्य विद्वानों का मत है कि वर्णमालात्मक लिपियाँ एक काल में और एक ही प्रदेश में अस्तित्व में आई थीं । अन्य वर्णमालात्मक लिपियाँ उन्हीं के आधार पर बनी हैं । जैसे, उत्तरी सेमेटिक लिपि के आधार पर यूनानी वर्णमाला बनाई गई थी । इसलिए कुछ विद्वानों का मत है कि ब्राह्मी लिपि का निर्माण भी उत्तरी सेमेटिक लिपि के आधार पर हुआ है । लेकिन यह एक परिकल्पना मात्र है । ब्राह्मी लिपि की उत्पत्ति को जानने के लिए आज हमारे पास ठोस प्रमाण नहीं हैं ।

ब्राह्मी लिपि का विकास

ईसा पूर्व तीसरी सदी में पश्चिमोत्तर भारत में जिस **खरोष्ठी लिपि** के हमें

दर्शन होते हैं, उसे बाद में शक, कुषाण आदि शासकों ने भी अपनाया। मध्य एशिया में भी इस लिपि का प्रचार-प्रसार हुआ। किंतु ईसा की पाँचवीं सदी के बाद यह लिपि मर गई और इसके स्थान पर सर्वत्र ब्राह्मी लिपि से विकसित नई लिपि को अपनाया गया।

आज के भारत की सारी लिपियाँ (अरबी-फारसी-उर्दू लिपि को छोड़कर) ब्राह्मी से ही विकसित हुई हैं। द्रविड़ भाषा-परिवार की दक्षिण भारत की तमिल, तेलुगु, कन्नड़ और मलयालम भाषाओं की लिपियाँ भी ब्राह्मी से ही विकसित हुई हैं। इन लिपियों के विकास की विस्तृत जानकारी हम आगे के प्रकरणों में दे रहे हैं।

देश, भाषा और धर्म की सीमाओं को लाँघकर ब्राह्मी लिपि विदेशों में भी पहुँची। श्रीलंका की वर्तमान **सिंहल लिपि** ब्राह्मी लिपि से बनी है। वर्तमान **तिब्बती लिपि** भी ब्राह्मी लिपि से बनी है। पूर्वी मध्य-एशिया में ब्राह्मी लिपि का खूब इस्तेमाल हुआ है। दक्षिण-पूर्व एशिया के देशों की अनेक वर्तमान लिपियाँ ब्राह्मी लिपि से निर्मित हैं। जापान की दो अक्षरमालाएँ—काताकाना और हिराकाना—ब्राह्मी वर्णमाला के प्रभाव के अंतर्गत ही अस्तित्व में आई हैं। विदेशों में ब्राह्मी लिपि का प्रचार-प्रसार कैसे हुआ, इसकी जानकारी हम एक स्वतंत्र प्रकरण में देंगे।

चूँकि भारत की सारी लिपियाँ, और कुछ पड़ोसी देशों की लिपियाँ भी, ब्राह्मी लिपि से विकसित हुई हैं, इसलिए लिपि की दृष्टि से सारा देश एक सूत्र में बँधा हुआ है। इसलिए भी हम सबको भारतीय लिपियों के विकास की थोड़ी-बहुत जानकारी अवश्य होनी चाहिए।

ब्राह्मी लिपि का उद्घाटन

आज के भारत की सारी लिपियाँ ब्राह्मी से व्युत्पन्न होने पर भी हमारे देश के पंडित सदियों पहले प्राचीन ब्राह्मी को भूल चुके थे। हम बता चुके हैं कि दिल्ली के सुलतान **फीरोजशाह तुग़लक** ने 1356 ई. में टोपरा व मेरठ के अशोक-स्तंभ दिल्ली में मँगवाकर खड़े करवाए थे। इन स्तंभों पर उत्कीर्ण लेखों को पढ़ने के लिए फीरोज तुग़लक ने पंडितों को आमंत्रित किया था, किंतु उस समय एक भी ऐसा पंडित नहीं मिला जो अशोक के इन ब्राह्मी लेखों को पढ़ सके। इन स्तंभों पर क्या लिखा हुआ है, यह जानने के लिए **अकबर** भी बड़ा उत्सुक था, किंतु उस समय भी ऐसा कोई पंडित नहीं मिला जो इन लेखों को पढ़ सके। इससे स्पष्ट होता है कि पुरानी ब्राह्मी लिपि का ज्ञान भारत में इस्लामी राज्य की स्थापना के पहले ही लुप्त हो गया था।

अठारहवीं सदी के उत्तरार्ध में अंग्रेजों के पैर भारत में जम गए, तो उन्होंने भारत की प्राचीन संस्कृति के अध्ययन की ओर भी कुछ ध्यान

दिया। **सर विलियम जोन्स** (1746-94 ई.) के प्रयास से "एशिया के इतिहास,''' पुरातत्व, कला, विज्ञान, साहित्य आदि के अनुशीलन के लिए" 1784 ई. में कलकत्ता में **एशियाटिक सोसायटी** की स्थापना हुई। तब से यूरोप के कई विद्वान भारतीय पुरातत्व के अनुशीलन में जुट गए और पुरालेखों की खोज तथा उनके अध्ययन का काम भी शुरू हुआ।

विलियम जोन्स के बाद **चार्ल्स विल्किन्स** पहले विदेशी विद्वान हैं जिन्होंने संस्कृत का गहन अध्ययन किया था। विल्किन्स को दसवीं सदी के आसपास के कुछ लेखों को पढ़ने में सफलता मिली और उन्होंने गुप्तकाल के लेखों की लगभग आधी वर्णमाला को भी पहचान लिया।

लेकिन अशोक के अभिलेख करीब छह सौ साल अधिक पुराने हैं, इसलिए उन्हें आसानी से पढ़ पाना संभव नहीं था। आरंभ में यूरोप के पुरालिपिविदों की कल्पना थी कि अशोक के लेखों की भाषा संस्कृत है। इसलिए भी अशोक की ब्राह्मी लिपि का उद्घाटन होने में कुछ देरी हुई।

अंत में **जेम्स प्रिन्सेप** (1799-1840 ई.) ने ब्राह्मी लिपि की वर्णमाला का उद्घाटन किया। प्रिन्सेप कलकत्ता की टकसाल के अधिकारी थे और एशियाटिक सोसायटी के सेक्रेटरी भी। उन्होंने गुप्त लिपि की वर्णमाला को पढ़ने में भी सहयोग दिया था। अब वे अधिक पुराने लेखों को पढ़ने में जुट गए। उन्होंने कई स्थानों के शिलालेखों के छापे मँगवाए और अक्षरों को मिला-मिलाकर इनका अध्ययन करते रहे। अंत में 1837 ई. में उन्होंने साँची के कुछ दानलेखों में **दानं** शब्द के अक्षरों को पहचाना और फिर उन्होंने शीघ्र ही ब्राह्मी के शेष अक्षरों को भी पहचान लिया। इस प्रकार जेम्स प्रिन्सेप ने ब्राह्मी लिपि की लगभग पूरी वर्णमाला का उद्घाटन किया।

इस महान खोज के बाद भारतीय इतिहास व संस्कृति के अध्ययन का एक नया अध्याय आरंभ हुआ। प्रिन्सेप के बाद देश-विदेश के अनेकानेक विद्वानों ने पुरालेखों का अध्ययन शुरू कर दिया। तब से ही भारत के लोगों को अपने देश की प्राचीन संस्कृति के बारे में यथार्थ जानकारी मिलने लगी।

आज हम अशोक की ब्राह्मी लिपि तथा इस लिपि से विकसित लिपियों में लिखे गए सारे लेखों को पढ़ सकते हैं। आगे के प्रकरणों में हम ब्राह्मी लिपि के इसी विकास की सिलसिलेवार जानकारी दे रहे हैं।

चित्र 1

1. सुमेरी लिपि के भाव-संकेत, क्रमशः

तारा (आकाश), बढ़ता चंद्र, आदमी, स्त्री, आँख, चलना, हाथ, हृदय, बैल, खूँटी, मछली, अनाज।

2. सुमेरी भाव-संकेत 'अनाज' का कीलाक्षर के रूप में क्रमिक विकास।

3. बेबीलोनी कीलाक्षर लिपि में दो देशों के नाम। दोनों शब्दों में बाईं ओर का संकेत देश (मातु) का सूचक है।

अश्-शुर (असीरिया), मि-इष्-री (मिस्र)

4. प्राचीन पारसी कीलाक्षर लिपि में हख़ामनी सम्राट 'दारयवहुश' (डेरियस: 522-486 ई. पू.) का नाम।

5. प्राचीन मिस्र की हाइरोग्लिफिक लिपि के संकेत और नीचे वही संकेत मिस्र की हिराटिक लिपि में।

6. मिस्र ही हाइरोग्लिफिक लिपि में वलय के भीतर 'तोलेमी' (टॉलेमी या अशोक के लेखों का 'तुलमाय') शब्द। आगे यही शब्द मिस्र की घसीट देमोतिक लिपि में।

7. चीनी लिपि के 'सूर्य' के भावचित्र का क्रमिक विकास।

1

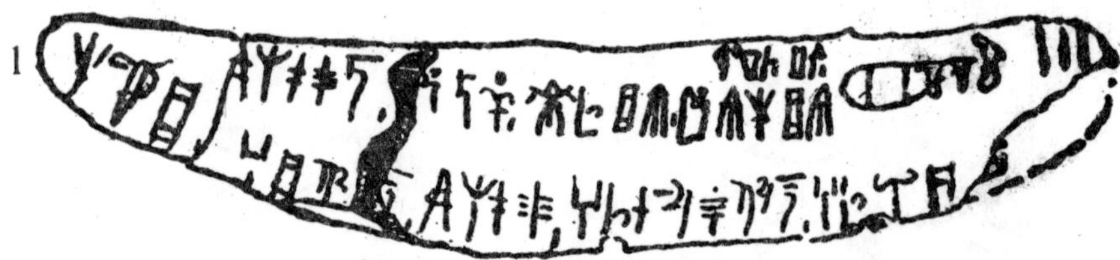

2

3

चित्र 2

1. मिट्टी के फलक पर क्रीट द्वीप की रैखिक-ब लिपि का एक लेख, जिसकी भाषा आद्य-यूनानी है।

2. उत्तरी सेमेटिक लिपि के अहिराम लेख (ईसा पूर्व दसवीं सदी) का एक अंश। यह लेख दाईं ओर से बाईं ओर पढ़ा जाएगा।

3. पेपीरस-कागज पर लिखे गए आरमेई (आरमाइक) लिपि के लेख का एक अंश। यह लेख भी दाईं ओर से बाईं ओर पढ़ा जाएगा।

अशोक के अभिलेखों की लिपि

सिकंदर जब पश्चिमोत्तर भारत से वापिस लौट गया (325 ई. पू.) तो चंद्रगुप्त (324-300 ई. पू.) ने नंदवंश का तख्ता उलटकर मौर्यवंश की स्थापना की। चंद्रगुप्त के बाद उसका पुत्र बिंदुसार गद्दी पर बैठा और बिंदुसार के बाद उसका पुत्र अशोक 272 ई. पू. में गद्दी पर बैठा।

पता चलता है कि आरंभ में राजगद्दी के लिए कलह हुआ था। इसलिए अशोक का राज्याभिषेक चार साल बाद 269 ई. पू. में हुआ था। पिता के जीवनकाल में युवराज अशोक ने तक्षशिला व उज्जयिनी की शासन-व्यवस्था सँभाली थी।

अशोक को अपने पिता से एक विशाल साम्राज्य मिला था। इसलिए राजगद्दी पर बैठने के बाद उसने आरंभ के करीब दस साल शासन को व्यवस्थित करने में गुजारे। फिर 261 ई. पू. में उसने कलिंग देश पर चढ़ाई की। इस युद्ध में कलिंगराज की हार हुई। अशोक के एक लेख से जानकारी मिलती है कि इस युद्ध में एक लाख लोग मारे गए, डेढ़ लाख बंदी बनाए गए और इससे भी अधिक लोगों की अकाल, रोग तथा अन्य विपत्तियों से मृत्यु हुई।

अशोक को बड़ा दुःख हुआ। उसने सेना के बल पर विजय प्राप्त करने का रास्ता छोड़ दिया। उसने धर्म-विजय का मार्ग अपनाया। उस समय से अशोक बौद्ध धर्म का अनुयायी बना। बौद्ध धर्म को राज्याश्रय मिला। उस समय से देश-विदेश में बौद्ध धर्म का तेजी से प्रचार-प्रसार होने लगा। अशोक ने बहुत सारे बौद्ध स्तूप बनवाए, धर्म के प्रचार के लिए देश-विदेश में धर्मदूत भेजे। धर्म-प्रचार के लिए अशोक ने अपने पुत्र **महेंद्र** और पुत्री **संघमित्रा** को श्रीलंका भेजा। अशोक ने राजधानी पाटलिपुत्र (पटना) में बौद्धों का एक महासम्मेलन (संगीति) भी आयोजित किया था।

अशोक के बारे में **महावंश, अशोकावदान** आदि बौद्ध-ग्रंथों में कुछ जानकारी मिलती है, पर अधिक ठोस जानकारी हमें अशोक के अपने लेखों में मिलती है। अशोक ने ये लेख शासन-व्यवस्था और धार्मिक व्यवस्था की

जानकारी देने के लिए पूरे साम्राज्य में खुदवाए थे। अशोक के पहले ईरान के हखामनी सम्राटों ने अपनी विजय-गाथाओं को चट्टानों पर खुदवाया था। जैसे, हखामनी सम्राट **दारयवहु** (दारा या डेरियस) ने अपनी विजयों का विवरण **बेहिस्तुन की चट्टान** पर तीन भाषाओं और तीन लिपियों में खुदवा दिया है। अशोक के बाद भी अनेक भारतीय शासकों ने प्रशस्तियाँ खुदवाईं, जिनमें उनका बढ़ा-चढ़ाकर वर्णन किया गया है।

तुलना में अशोक के लेख सीधे-सादे हैं। अशोक के केवल दो लेखों में उसका नाम (**असोक**) देखने को मिलता है। बाद के भारतीय राजाओं ने 'महाराजाधिराज', 'परमेश्वर', 'परमभागवत' आदि उपाधियाँ धारण की थीं, किंतु अशोक के अधिकांश लेखों में उसके लिए **देवानंप्रियस प्रियदसिनो राजा** (देवताओं के प्रिय और सभी पर कृपा करनेवाले राजा) शब्दों का ही प्रयोग हुआ है। अशोक का पूरा नाम संभवतः **अशोकवर्धन** था।

अशोक का साम्राज्य पूर्व में गंगा के मुहाने तक था, जहाँ **ताम्रलिप्ति** (आधुनिक तमलूक) एक प्रसिद्ध बंदरगाह था। उड़ीसा के **जौगढ़** और **धौली** स्थानों से अशोक के शिलालेख मिले हैं। दक्षिण में उसके साम्राज्य की सीमा संभवतः काँचीपुरम् तक थी। कर्णाटक (मैसूर राज्य) के ब्रह्मगिरि, सिद्धापुर, राजुल-मंदगिरि, गवीमठ आदि स्थानों से अशोक के शिलालेख मिले हैं। महाराष्ट्र के थाना जिले के **सोपारा** (प्राचीन सूप्पारक या शूर्पारक) स्थान से अशोक के शिलालेखों के खंडित अंश मिले हैं। अशोक के जूनागढ़ के पास के **गिरनार लेख** की जानकारी हम पहले दे ही चुके हैं।

पश्चिमोत्तर में अशोक के साम्राज्य की सीमा हिंदूकुश पर्वत तक थी। अफगानिस्तान का अधिकाश भाग और बलूचिस्तान व सिंध भी उसके राज्य में था। पाकिस्तान के **मानसेहरा** (हज़ारा जिला) और **शाहबाजगढ़ी** (पेशावर जिला) स्थानों से अशोक के खरोष्ठी लिपि में लिखे हुए लेख मिले हैं। तक्षशिला से एक आरमेई लेख मिला है, जो संभवतः अशोक का ही है। कंदहार के पास से भी यूनानी व आरमेई लिपियों में अशोक का लेख मिला है। कश्मीर में भी अशोक का शासन था। **श्रीनगर** की नींव अशोक ने ही डाली थी।

जानकारी मिलती है कि अशोक ने नेपाल की यात्रा करके वहाँ आधुनिक काठमांडू के पास **ललितपाटन** नगर की स्थापना की थी। अशोक ने वहाँ पाँच स्तूप बनवाए थे, जो आज भी मौजूद हैं। अशोक के साथ उसकी पुत्री चारुमती भी नेपाल की यात्रा पर गई थी। चारुमती नेपाल में

ही रह गई, उसने वहाँ एक भिक्षुणी का जीवन बिताया और अपने दिवंगत पति के नाम पर वहाँ **देवपाटन** नगर बसाया।

उत्तर में देहरादून जिले के **कालसी** स्थान से अशोक के चौदह लेख मिले हैं। इसी प्रकार नेपाल की तराई और उत्तर प्रदेश तथा बिहार के सीमा-प्रदेश में कई स्थानों से अशोक के स्तंभलेख मिले हैं। इन सभी लेखों के स्थानों से अशोक के साम्राज्य की सीमा स्पष्ट हो जाती है।

जानकारी मिलती है कि राज्याभिषेक के 12 साल बाद अशोक ने लेख खुदवाने का काम शुरू कर दिया था। सबसे पहले उसने शिलालेख खुदवाए और बाद में स्तंभलेख। ये सारे लेख करीब 25 साल के अर्से में खोदे गए।

अशोक के अभिलेख मुख्यतः दो प्रकार के हैं—**शिलालेख** व **स्तंभलेख**। शिलालेख मुख्यतः दो प्रकार के हैं—**लघु-शिलालेख** व **चतुर्दश शिलालेख।** ब्रह्मगिरि, सिद्धापुर, जटिंग-रामेश्वर, रूपनाथ (मध्यप्रदेश), सहसराम (उत्तर प्रदेश) आदि स्थानों के लेख लघु-शिलालेख हैं। बैराट (जयपुर जिला, राजस्थान) से भी एक लघु-शिलालेख मिला है। इसी स्थान से एक शिलाखंड पर अशोक का एक और लेख मिला है, जो कलकत्ता के संग्रहालय में रखा हुआ है और **भाब्रु लेख** के नाम से प्रसिद्ध है।

धौली और जौगढ़ (उड़ीसा) में अशोक के चौदह शिलालेख खुदे हुए हैं। धौली के लेख के ऊपर चट्टान को काटकर एक हाथी की आकृति तैयार की गई है। मानसेहरा, शाहबाजगढ़ी, एर्रागुड़ी (कुर्नूल जिला, आंध्र प्रदेश), गिरनार और कालसी से भी अशोक के चौदह (चतुर्दश) शिलालेख मिले हैं। कालसी की चट्टान पर हाथी की आकृति खोदी गई है और उसके पैरों के बीच में ब्राह्मी लिपि में **गजतमे** (गजोत्तम; अर्थात्, श्रेष्ठ हाथी) शब्द खुदा हुआ है। सोपारा में भी चतुर्दश शिलालेख खोदे गए थे, जिनके कुछ खंडित अंश प्राप्त हुए हैं।

गया के समीप की **बराबर** नामक पहाड़ी पर चार कृत्रिम गुफाएँ हैं। इनमें से तीन गुफाओं में अशोक के तीन लघुलेख मिलते हैं। **आजीवक संप्रदाय** के साधुओं के लिए इन गुफाओं का निर्माण किया गया था। कुछ दूरी पर नागार्जुनी पहाड़ी है, जिस पर तीन और गुफाएँ हैं। इनमें अशोक के पौत्र **देवानंप्रिय दसरथ** के लेख मिलते हैं।

अशोक ने कई स्तंभ खड़े करवाके उन पर लेख खुदवाए हैं। ये स्तंभ एक ही शिलाखंड के हैं और इन पर बढ़िया पॉलिश की हुई है। ये स्तंभ चुनार के बलुआ-पत्थर से बने हैं। इनमें से कुछ स्तंभों की ऊँचाई करीब 16-17 मीटर है और भार करीब 50 टन। हम बता चुके हैं कि दिल्ली के दो अशोक-स्तंभ टोपरा (हरियाणा) व मेरठ से लाए गए हैं। फीरोज के

'शिकार महल' के पास (रिज पर) खड़ा अशोक-स्तंभ मेरठ से आया है और फीरोजशाह कोटला का अशोक-स्तंभ ''दिल्ली से 90 कोस दूर यमुना नदी के तट पर स्थित टोपरा'' स्थान से आया है। इनमें से **टोपरा-दिल्ली-स्तंभ** पर उत्कीर्ण लेख अच्छी हालत में है, परंतु **मेरठ-दिल्ली-स्तंभ** अठारहवीं सदी के दूसरे दशक में बारूदखाने में विस्फोट होने से टूट गया था। 1876 ई. में इसे वर्तमान रूप में खड़ा किया गया।

इलाहाबाद के किले में स्थित अशोक-स्तंभ कौशांबी में खड़ा किया गया था। इस स्तंभ पर अशोक के लेख के अलावा उसकी रानी का भी दानलेख खुदा हुआ है। कब और किस शासक द्वारा यह अशोक-स्तंभ इलाहाबाद लाया गया, इसके बारे में हमें कोई जानकारी नहीं मिलती। इसी स्तंभ पर **समुद्रगुप्त की प्रशस्ति** खुदी हुई है। इसी स्तंभ पर **जहाँगीर** का भी एक फारसी लेख मिलता है।

राज्याभिषेक के 20 वर्ष बाद अशोक ने बुद्ध के जन्मस्थान **लुंबिनी** की यात्रा की थी। यहाँ खड़े किए गए स्तंभ पर उत्कीर्ण लेख में इस बात की जानकारी है। आज यह स्थान नेपाल की सीमा के भीतर है और **रुम्मिनदेई** के नाम से जाना जाता है। इस स्थान से करीब बीस किलोमीटर की दूरी पर निगलीव गाँव के पास **निगाली सागर** नामक एक सरोवर है। अशोक ने इस स्थान की भी यात्रा की थी और यहाँ एक स्तंभ खड़ा किया था।

बिहार के चंपारन जिले में तीन अशोक-स्तंभ मिले हैं—राधिया के पास **लौरिया अरराज** में, मठिया के पास **लौरिया नंदनगढ़** में और **रामपुरवा** में। इनमें से प्रत्येक पर उसके छह लेख खुदे हुए हैं। इनके अलावा, **साँची** और **सारनाथ** में भी अशोक ने स्तंभ खड़े किए थे, जो अब टूट गए हैं। स्वतंत्र भारत का सिंहाकृति वाला **राष्ट्रचिह्न** अशोक के सारनाथवाले स्तंभ का ही शीर्षभाग है।

कुछ अशोक-स्तंभ ऐसे भी हैं, जिन पर कोई लेख खुदा हुआ नहीं है; जैसे, वैशाली के समीप का स्तंभ। कुछ अशोक-स्तंभ नष्ट भी हो गए हैं। वाराणसी में **लाट भैरो** के नाम से एक अशोक-स्तंभ था। 1809 ई. के एक दंगे में इस स्तंभ के टुकड़े-टुकड़े हो गए। इसी प्रकार, पाटलिपुत्र का एक अशोक-स्तंभ भी आधुनिक काल में ही टूटा है। भुवनेश्वर के भास्करेश्वर मंदिर में खंडित अशोक-स्तंभ की शिवलिंग के रूप में पूजा होती है। इस पर भी अशोक के लेख मिल सकते हैं।

अशोक के शिलालेख तथा खंडित स्तंभलेख और भी कई स्थानों से मिल सकते हैं। अशोक की राजधानी पाटलिपुत्र (पटना) से अभी तक कोई शिलालेख नहीं मिला है। संभव है कि किसी दिन यहाँ से अशोक के सभी लेखों की मूल प्रतियाँ मिल जाएँ। दक्षिण भारत के भी कई स्थानों से अशोक

के और लेख मिलने की आशा है । इस संदर्भ में यहाँ यह जानना उपयोगी होगा कि दक्षिण भारत के **चोड़, पांड्य, केरल** तथा **ताम्रपर्णी** (श्रीलंका) राज्य अशोक के साम्राज्य के बाहर थे ।

अशोक के लेखों की भाषा **प्राकृत** है । खरोष्ठी लिपि में लिखे गए लेख भी प्राकृत भाषा में हैं । कंदहार से प्राप्त लेख ही केवल **आरमेई** व **यूनानी** भाषा में हैं । आम जनता की भाषा साहित्य एवं शासन की भाषा से अवश्य ही कुछ भिन्न होती है । वेदों की भाषा काव्य की भाषा है । व्याकरण के नियमों में कसकर बाँध दी गई संस्कृत भाषा कभी भी जनता की भाषा नहीं रही । कहते हैं कि गौतम बुद्ध ने अपने उपदेश जनता की भाषा में दिए थे । **त्रिपिटक** में बुद्धवचनों का संकलन हुआ है और इसकी भाषा प्राकृत (पालि) है । अशोक के लेखों की **प्राकृत (मागधी)** कुछ विकसित भाषा है । अशोक के लेखों की भाषा आम जनता की भाषा के काफी निकट रही होगी । स्थान-स्थान के अनुसार इस भाषा के कुछ शब्दों में और कुछ ध्वनियों में भेद भी नज़र आता है । अशोक का कोई भी लेख संस्कृत भाषा में नहीं है ।

अशोक ने अपने लेखों की लिपि को **धम्मलिपी** या **धम्मदिपी** का नाम दिया है, लेकिन आज हम इसे **ब्राह्मी लिपि** के नाम से जानते हैं । **खरोष्ठी लिपि** दाईं ओर से बाईं ओर लिखी जाती थी, किंतु ब्राह्मी लिपि बाईं ओर से दाईं ओर लिखी गई है । प्राचीन सेमेटिक लिपियाँ दाईं ओर से बाईं ओर लिखी गई हैं । यूनानी लिपि के कुछ आरंभिक लेख भी इसी प्रकार लिखे गए । कुछ पुरालेखों में देखने को मिलता है कि एक पंक्ति दाईं ओर से आरंभ की गई है और दूसरी पंक्ति बाईं ओर से, और दाएँ-बाएँ का यह सिलसिला आगे जारी रहता है ।

अशोक का ऐसा कोई लेख नहीं मिला है । लेकिन उसके **एर्रागुड़ी लेख** में कुछ पंक्तियाँ दाईं ओर से बाईं ओर लिखी गई हैं । यह शायद लेख खोदनेवाले की भूल या आदत के कारण हुआ है । अशोक ने अपने चौदहवें शिलालेख में स्पष्ट कहा है कि, "इन लेखों में जो कुछ अपूर्ण लिखा गया हो उसका कारण देश-भेद, द्वेषभाव या लिखनेवाले का अपराध समझना चाहिए" (तत्र एकदा असमातं लिखितं अस देसं व सछाय कारणं व अलोचेत्पा लिपिकरापरधेन व)। एर्रागुड़ी के लेख का **लिपिकर** संभवत: खरोष्ठी लिपि का अभ्यस्त रहा होगा। अशोक के दक्षिण भारत के **ब्रह्मगिरि लेख** के अंत में ब्राह्मी लिपि के **चपड़ेन लिखिते** शब्दों के बाद **लिपिकरेण** शब्द खरोष्ठी लिपि में दाईं ओर से बाईं ओर लिखा गया है ।

अशोक के लेख बड़ी सावधानी से खोदे गए हैं । शिलालेखों की अपेक्षा स्तंभलेख अधिक सुंदर हैं । अशोक के लेखों की लिपि आज की लिपियों से

निश्चय ही अधिक सरल एवं मनोहर हैं। देवनागरी लिपि की तरह इन अक्षरों के सिरों पर आड़ी लकीरें नहीं हैं। अशोक के लेखों में अ, आ, इ, उ, ए तथा ओ स्वरों के लिए अक्षर मिलते हैं। इनके अलावा ई, ऊ तथा ऐ की मात्राएँ भी मिलती हैं। ङ को छोड़कर शेष सभी व्यंजनाक्षर मिलते हैं। ड़ या ळ के लिए भी अक्षर मिलता है; जैसे, एड़क, दुंड़ि आदि पशुवाचक शब्दों में।

थोड़े-से परिश्रम से ही अशोक के लेखों की ब्राह्मी लिपि सीखी जा सकती है। चूँकि कालांतर की सभी भारतीय लिपियाँ इसी लिपि से विकसित हुई हैं, इसलिए अशोक के लेखों की इस ब्राह्मी लिपि को अच्छी तरह सीख लेना लाभप्रद होगा। यहाँ हम अशोक के लेखों में प्रयुक्त ब्राह्मी अक्षर दे रहे हैं, साथ ही कुछ संयुक्ताक्षर भी (चित्र 3)।

अशोक के लेखों की ब्राह्मी वर्णमाला सीख लेने के बाद इसका अभ्यास करना जरूरी है। नमूने के लिए यहाँ हम अशोक के दो लेख दे रहे हैं। एक है रुम्मिनदेई के अशोक-स्तंभ पर उत्कीर्ण लेख (चित्र 4) और दूसरा है गिरनार की चट्टान पर खुदा हुआ अशोक का बारहवाँ शिलालेख (चित्र 5)। रुम्मिनदेई का स्तंभलेख ऐतिहासिक दृष्टि से महत्त्व का है और गिरनार का बारहवाँ शिलालेख धार्मिक सहिष्णुता की दृष्टि से आज भी अपना महत्त्व रखता है। रुम्मिनदेई के मूल स्तंभलेख में 5 पंक्तियाँ हैं और गिरनार के बारहवें शिलालेख में 9 पंक्तियाँ। यहाँ सुविधा के लिए हम इन्हें क्रमशः 4 और 22 पंक्तियों में दे रहे हैं। यहाँ हम इन लेखों के देवनागरी लिप्यंतरण तथा अनुवाद भी दे रहे हैं।

भारतीय इतिहास व लिपि के विकास की दृष्टि से अशोक के अभिलेखों का विशेष महत्त्व है, इसलिए हम एक और लेख यहाँ दे रहे हैं। यह है गिरनार का दूसरा लेख (चित्र 6)। इस लेख को हम ज्यों-का-त्यों पंक्तिबद्ध दे रहे हैं।

अशोक के अभिलेखों में 4,6,50 और 200 के लिए अंक-संकेत मिलते हैं। भारत में अभी शून्य पर आधारित दाशमिक स्थानमान अंक-पद्धति का आविष्कार नहीं हुआ था, इसलिए अशोक के लेखों में 265 (प्रवास के दिन) जैसी संख्या को पुरानी पद्धति (200,50,6) से ही लिखा गया है।*

---

*विशेष जानकारी के लिए देखिए इसी पुस्तकमाला की 'भारतीय अंक-पद्धति की कहानी' पुस्तक।

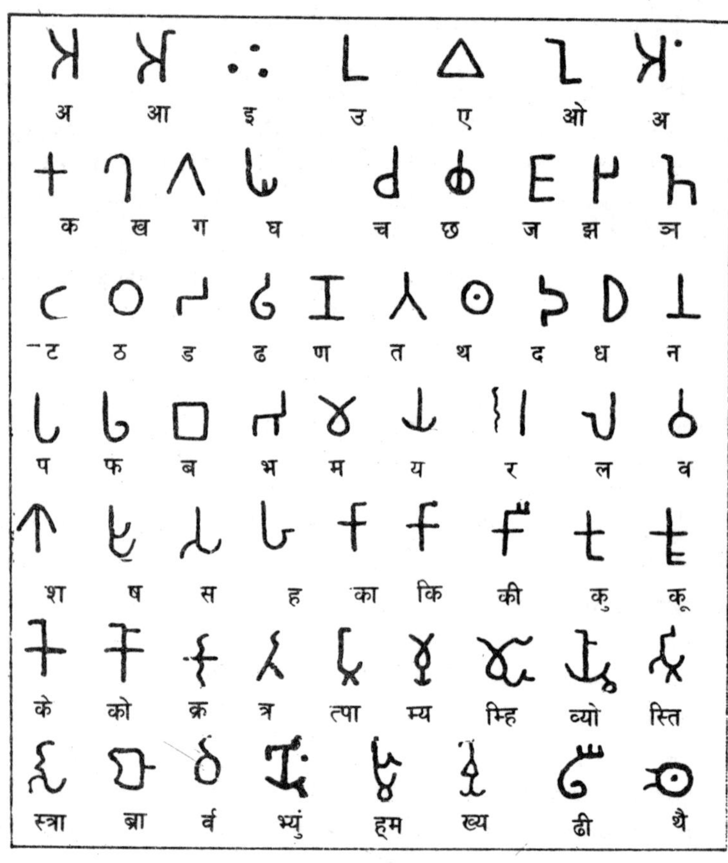

चित्र 3

अशोक की ब्राह्मी लिपि के अक्षर

1 𑀤𑁂𑀯𑀸𑀦𑀧𑀺𑀬𑁂𑀦𑀧𑀺𑀬𑀤𑀲𑀺𑀦𑀮𑀸𑀚𑀺𑀦𑀯𑀻𑀲𑀢𑀺𑀯𑀲𑀸𑀪𑀺𑀲𑀺𑀢𑁂𑀦 𑀅𑀢𑀦

2 𑀆𑀕𑀸𑀘 𑀫𑀳𑀻𑀬𑀺𑀢𑁂 𑀳𑀺𑀤𑀩𑀼𑀥𑁂𑀚𑀸𑀢𑁂 𑀲𑀓𑁆𑀬𑀫𑀼𑀦𑀻𑀢𑀺 𑀲𑀺𑀮𑀸𑀯𑀺𑀕𑀟𑀪𑀻

3 𑀘𑀸 𑀓𑀸𑀮𑀸𑀧𑀺𑀢 𑀲𑀺𑀮𑀸𑀣𑀪𑁂𑀘 𑀉𑀲𑀧𑀸𑀧𑀺𑀢𑁂 𑀳𑀺𑀤𑀪𑀕𑀯𑀁 𑀚𑀸𑀢𑁂𑀢𑀺

4 𑀮𑀼𑀁𑀫𑀺𑀦𑀺𑀕𑀸𑀫𑁂 𑀉𑀩𑀮𑀺𑀓𑁂 𑀓𑀝𑁂 𑀅𑀞𑀪𑀸𑀕𑀺𑀬𑁂𑀘

चित्र 4

अशोक का रुम्मिनदेई स्तंभलेख

लिप्यंतरण :

1. **देवान पियेन पियदसिन लाजिन वीसतिवसाभिसितेन. अतन**
2. **आगाच महीयिते हिद बुधे जाते सक्यमुनीति. सिलाविगडभी-**
3. **चा कालापित सिलाथभे च उसपापिते. हिद भगवं जातेति**
4. **लुंमिनिगामे उबलिके कटे. अठभागिये च**

अर्थात,

देवताओं के प्रिय प्रियदर्शी राजा ने राज्याभिषेक के बीस वर्ष बाद स्वयं आकर इस स्थान की पूजा की, क्योंकि यहाँ शाक्यमुनि बुद्ध का जन्म हुआ था। यहाँ पत्थर की एक दीवार बनवाई गई और पत्थर का एक स्तंभ खड़ा किया गया। यहाँ भगवान जन्मे थे, इसलिए लुंबिनी गाँव को कर से मुक्त कर दिया गया, और पैदावार का आठवाँ भाग भी (जो राजा का हक था) उसी गाँव को दे दिया गया है।

चित्र 5

अशोक का गिरनार (जूनागढ़, सौराष्ट्र) का बारहवाँ शिलालेख

लिप्यंतरण : *

1. देवानंपिये पियदसि राजा सवपासंडानि च पवजिता-
2. नि च घरस्तानि च पूजयति दानेन च विविधाय च
3. पूजाय पूजयति ने. न तु तथा दानं व पूजा व देवानं-
4. पियो मंञते यथा किति सारवढी अस सवपा-
5. संडानं सारवढी तु बहुविधा. तस तस तु इदं
6. मूलं य वचिगुती किंति आप्तपासंडपूजा व पर-
7. पासंडगरहा व नो भवे अपकरणम्हि लहुका व अस.
8. तम्हि तम्हि प्रकरणे पूजेतया तु एव परपासंडा तेन
9. तेन प्रकरणेन एवं करुं आप्तपासंडं च वढ-
10. यति परपासंडस च उपकरोति, तदञथा करोतो आप्त-
11. पासंडं च छणति परपासंडस च पि अपकरोति
12. यो हि कोचि आप्तपासंडं पूजयति परपासंडं वा गरहति.
13. सवं आप्तपासंडभतिया किंति आप्तपासंडं दीपयेम इ-
14. ति सो च पुन तथ करातो आप्तपासंडं बाढतरं उप-
15. हनाति त समवायो एव साधु. किंति अञमंञस धंमं
16. सुणारु च सुसुसेर च एवं हि देवानंपियस इछा
17. किंति सवपासंडा बहुसुता च असु कलाणागमा च असु.
18. ये च तत्र तत प्रसंना तेहि वतव्यं देवानंपियो नो तथा
19. दानं व पूजां व मंञते यथाकिंति सारवढी अस सर्व-
20. पासडानं बहका च एताय. अथा व्यापता धंममहामाता च
21. इथीझखमहामाता च वचभूमीका च अञे च निकाया अयं
22. च एतस फल य आप्तपासंडवढी च होति धंमस च दीपना.

---

* मूल लेख में जहाँ पंक्ति समाप्त होती है वहाँ पूर्णविराम [.] रखा गया है।

अर्थात्,

देवताओं के प्रिय प्रियदर्शी राजा विविध दान और पूजा से गृहस्थ, प्रव्रजित तथा सब संप्रदायों का सत्कार करते हैं, किंतु देवताओं के प्रिय दान या पूजा की उतनी परवाह नहीं करते, जितनी इस बात की कि सब संप्रदायों के सार की वृद्धि हो। सार की वृद्धि कई प्रकार से होती है, पर सबका मूल है वाक्-संयम्, अर्थात्, केवल अपने संप्रदाय स्तुति और अनुचित अवसरों पर दूसरे संप्रदायों की निंदा न करें; कभी निंदा भी हो तो संयम से। हर दशा में दूसरे संप्रदायों का आदर होना ही चाहिए। ऐसा करने से अपने संप्रदाय की उन्नति होती है और दूसरे संप्रदायों का भी उपकार होता है। इसके विपरीत जो करता है वह अपने संप्रदाय की जड़ काटता है और दूसरे संप्रदायों का भी अपकार करता है। क्योंकि जो अपने संप्रदाय की भक्ति में आकर और इस विचार से कि उसके संप्रदाय का गौरव बढ़े, अपने संप्रदाय की स्तुति करता है तथा दूसरे संप्रदायों की निंदा करता है, वह ऐसा करने से अपने ही संप्रदाय को गहरी हानि पहुँचाता है। इसलिए मेल-जोल (समवाय) ही अच्छा है--लोग एक-दूसरे के धर्म को ध्यान से सुनें और उसकी सेवा करें। देवताओं के प्रिय की यह इच्छा है कि सब संप्रदायवाले बहुश्रुत और कल्याणकारी ज्ञानवाले बनें। अतः जो लोग अपने-अपने संप्रदाय में ही अनुरक्त हैं उन्हें बताना चाहिए कि देवताओं के प्रिय दान या पूजा को इतना महत्त्व नहीं देते जितना इस बात को कि सब संप्रदायों के सार की वृद्धि हो। इस कार्य के निमित्त बहुत-से धर्ममहामात्र, स्त्रीमहामात्र, व्रजभूमिक तथा अन्य प्रकार के राज-कर्मचारी नियुक्त हैं। इसका फल यह है कि अपने संप्रदाय की उन्नति होती है और धर्म का गौरव बढ़ता है।

चित्र 6

अशोक का गिरनार का द्वितीय शिलालेख

लिप्यंतरण :

1. **सर्वत विजितम्हि देवानंप्रियस पियदसिनो राञो**
2. **एवमपि प्रचंतेसु यथा चोडा पाडा सतियपुतो केतलपुतो आ तंब-**
3. **पंणी अंतियको योनराजा ये वा पि तस अंतियकस सामीपं**
4. **राजानो सर्वत्र देवानंप्रियस प्रियदसिनो राञो द्वे चिकीछ कता**
5. **मनुसचिकीछा च पसुचिकीछा च ओसुढानि च यानि मनुसोप-गानि च**
6. **पसोपगानि च यत यत नास्ति सर्वत्रा हारापितानि च रोपापितानि च**
7. **मूलानि च फलानि च यत यत नास्ति सर्वत हारापितानि च रोपापितानि च**
8. **पंथेसू कूपा च खानापिता व्रछा च रोपापिता परिभोगाय पसुमनुसानं.**

अर्थात्,

देवताओं के प्रिय प्रियदर्शी राजा ने अपने राज्य में सब जगह और सीमावर्ती राज्य—चोड़, पांड्य, सतियपुत्र, केरलपुत्र तथा ताम्रपर्णी (श्रीलंका)—तक और अंतियोक यवनराज तथा उस अंतियोक के जो पड़ोसी राजा हैं, उन सबके राज्यों में देवताओं के प्रिय प्रियदर्शी राजा ने दो प्रकार की चिकित्सा का प्रबंध किया है—मनुष्यों की चिकित्सा के लिए और पशुओं की चिकित्सा के लिए। मनुष्यों और पशुओं के लिए जहाँ-जहाँ औषधियाँ नहीं थीं वहाँ-वहाँ लाई और रोपी गई हैं। इसी प्रकार, जहाँ-जहाँ मूल व फल नहीं थे वहाँ-वहाँ लाए और रोपे गए हैं। मार्गों पर मनुष्यों तथा पशुओं के आराम के लिए कुएँ खुदवाए गए हैं और वृक्ष लगाए गए हैं।

शुंगकालीन ब्राह्मी लिपि

अशोक के अभिलेखों की मूल प्रतियाँ राजधानी पाटलिपुत्र में तैयार हुई होंगी। फिर उसके प्रांतीय शासक इन लेखों की प्रतिलिपियाँ लेकर अपने-अपने प्रांतों में गए और उन्होंने विभिन्न 'लिपिकरों' से प्रमुख स्थानों पर ये लेख खुदवाए। अतः अशोक के स्थान-स्थान के लेखों के अक्षरों में थोड़ा-सा अंतर दिखाई देता है। अशोक के स्तंभलेखों के अक्षर अधिक साफ और सुंदर हैं।

अब तक हमने जिन लेखों का विवरण दिया है, वे केवल एक शासक के हैं, सम्राट अशोक के हैं। उनका समय भी निश्चित है—269 ई. पू. से 232 ई. पू. के बीच। लेकिन अशोक के बाद जो लेख मिलते हैं, वे अनेक व्यक्तियों के हैं। ये लेख मुख्यतः दान से संबंधित हैं।

अशोक के बाद उत्तर भारत में **शुंगवंश** का शासन (ईसा पूर्व दूसरी सदी) आरंभ हुआ था। आंध्र प्रदेश और महाराष्ट्र में **सातवाहनों** का शासन आरंभ हुआ। ईसा पूर्व दूसरी या पहली सदी में कलिंग देश में राजा **खारवेल** का शासन था। सारा देश कई राज्यों में बँट गया था। पश्चिमोत्तर भारत में **हिंद-यवनों** का शासन था।

सम्राट अशोक के प्रयासों से देश-विदेश में बौद्ध धर्म का तेजी से प्रचार-प्रसार शुरू हो गया था। देश के अनेक भागों में बहुत सारे स्तूप बने, पहाड़ों को काटकर बौद्ध भिक्षुओं के लिए गुफा-निवास एवं चैत्यगृह बनाए गए। स्तूपों के वेदिका-स्तंभों पर तथा गुफाओं की दीवारों पर बहुत सारे लेख मिलते हैं। इस प्रकरण में हम ईसा की पहली सदी तक के ऐसे ही प्रमुख ब्राह्मी लेखों पर विचार करेंगे। साथ ही, कुछ लेखों के संक्षिप्त नमूने भी दे रहे हैं।

हम बता चुके हैं कि अशोक ने आजीवक संप्रदाय के साधुओं के लिए गया या बुद्धगया के पास की बराबर नामक पहाड़ी पर गुफाएँ बनवाई थीं। अशोक के पौत्र **दसरथ** ने समीप की **नागार्जुनी** पहाड़ी पर गुफाएँ बनवाईं। उनमें दसरथ के लेख मिलते हैं। अशोक के लेखों के अक्षरों की प्रमुख विशेषता यह है कि उनमें अक्षरों की लंबाई-चौड़ाई समान है। परंतु

दसरथ के लेखों के अक्षरों की खड़ी रेखाएँ कुछ छोटी हैं। ये लेख 200 ई. पू. के आसपास के हैं।

लगभग इसी समय **भारहुत** (सतना के पास, मध्यप्रदेश) में एक भव्य स्तूप का निर्माण हुआ। अब यह स्तूप नष्ट हो गया है। इसके कुछ वेदिका-स्तंभ एवं शिल्पपट्ट कलकत्ता तथा विदेशों के संग्रहालयों में रखे हुए हैं। भारहुत से अनेक छोटे-बड़े लेख मिले हैं। यहाँ हम भारहुत के शिल्पपट्टों पर उत्कीर्ण तीन छोटे लेख दे रहे हैं (चित्र 8-8): **भगवतो सकमुनिनो बोधो, जटिल सभा** और **दिघतपसि सिसे अनुसासति।**

मध्यप्रदेश में अंबिकापुर से करीब पचास किलोमीटर की दूरी पर **रामगढ़** नामक पहाड़ी है। इस पहाड़ी पर सीता बेंगरा, जोगिमार आदि अनेक गुफाएँ हैं। इन गुफाओं में कुछ लेख मिले हैं, जिनके अक्षर अशोक के लेखों के अक्षरों से मिलते-जुलते हैं। यहाँ हम **जोगिमार गुफा** में उत्कीर्ण एक लेख के कुछ शब्द दे रहे हैं (चित्र 8-2): **शुतनुक नम। देवदाशि।**

ईसा पूर्व दूसरी सदी में कृष्णा नदी की घाटी में कई बौद्धकेंद्र स्थापित हो चुके थे। इसी समय पश्चिमी महाराष्ट्र में भी कई बौद्धकेंद्र स्थापित हो रहे थे और पहाड़ों को काटकर पित्तलखोर, भाजा आदि स्थानों की गुफाओं का निर्माण हो रहा था। मध्यप्रदेश में भारहुत व साँची में स्तूप बन चुके थे। लेकिन अभी कुछ साल पहले तक नागपुर के आसपास ऐसा कोई बौद्धकेंद्र नहीं मिला था जो उत्तर भारत के बौद्धकेंद्रों को दक्षिण भारत तथा पश्चिम भारत के बौद्धकेंद्रों के साथ जोड़ सके।

इधर 1970-71 ई. में महाराष्ट्र के भंडारा जिले में ईसा पूर्व दूसरी-तीसरी सदी के कुछ बौद्धकेंद्रों की खोज हुई है। भंडारा जिले के **पवनी** स्थान से एक भव्य स्तूप के अवशेष मिले हैं। शिलास्तंभों पर शिल्पों के साथ कुछ लेख भी खुदे हुए हैं। भंडारा जिले के ही माँढल गाँव के नज़दीक के **चंडाला** जंगल में मार्च, 1971 ई. में कुछ बौद्ध गुफाओं की खोज हुई। गुफाओं के प्रवेश-द्वार के पास पड़े हुए दो स्तंभों पर लेख भी मिले हैं। इनमें से एक स्तंभ पर उत्कीर्ण लेख की दो पंक्तियों में से तीन शब्दों का नमूना हम यहाँ दे रहे हैं (चित्र 8-1): **वंदलक पुतस अपल।** मूल लेख में ये अक्षर करीब आठ सेंटीमीटर ऊँचे हैं। ये ब्राह्मी अक्षर निश्चय ही 200 ई. पू. के आसपास के हैं।

आधुनिक काल में खोजे गए प्राचीन बौद्धकेंद्र आज हमें नगरों तथा प्रमुख मार्गों से काफ़ी दूर जंगलों में स्थित दिखाई देते हैं। परंतु प्राचीन काल में ये बौद्धकेंद्र राजमार्गों के आसपास थे। प्राचीन काल में अजंठा, वेरूल, पित्तलखोर (औरंगाबाद जिला) आदि स्थानों की गुफाएँ राजमार्गों के

आसपास थीं। **पित्तलखोर** से पहले भी कुछ लेख मिले थे। कुछ साल पहले यहाँ यक्ष-यक्षिणियों की मूर्तियाँ और कुछ लेख मिले हैं। यहाँ हम नमूने के लिए एक यक्ष-मूर्ति के दाएँ हाथ पर खुदे हुए लेख को दे रहे हैं (चित्र 8-6): **कन्हदासेन हिरंनकारेन कता**। भाषा प्राकृत है और अक्षर ईसा पूर्व दूसरी सदी की ब्राह्मी लिपि के हैं।

पश्चिमी महाराष्ट्र के पहाड़ों को काटकर बनाई गई भाजा, कान्हेरी, नाशिक, जुन्नर आदि स्थानों की गुफाएँ प्रसिद्ध हैं। इनमें सबसे प्राचीन (ईसा पूर्व दूसरी सदी) गुफा एवं चैत्य **भाजा** स्थान के हैं। चैत्यों में लकड़ी की बल्लियों का भी इस्तेमाल हुआ था। अभी कुछ साल पहले भाजा से लकड़ी के ऐसे ही एक अवशेष पर दो छोटे लेख मिले हैं। इनमें से एक लेख है (चित्र 8-4): **धमभागस पसादो**। लकड़ी पर खुदा हुआ यह सबसे प्राचीन उपलब्ध लेख है। पश्चिमी महाराष्ट्र के **नाणेघाट** स्थान से सातवाहन काल का रानी नायनिका या नागण्णिका का एक लंबा लेख मिला है। **साँची** (मध्यप्रदेश) से भी इस काल के कुछ दानलेख मिले हैं। साँची के लेखों में ··· **स दानं** अक्षरों को पहचानने के बाद ही 1837 ई. में **जेम्स प्रिन्सेप** ने ब्राह्मी लिपि की पूरी वर्णमाला का उद्घाटन किया था। आरंभ में प्रिन्सेप ने ब्राह्मी लिपि को 'साँची वर्णमाला' का नाम दिया था।

ईसा पूर्व दूसरी सदी के उत्तरार्ध में पश्चिमोत्तर भारत में हिंद-यवनों का शासन था। तक्षशिला (तख्खसिला) के यूनानी शासक अंतलिकित ने विदिशा के शुंग राजा भागभद्र के पास हेलिओदोर नाम का एक दूत भेजा था। **हेलिओदोर** ने विदिशा (मध्यप्रदेश) में एक गरुडध्वज स्थापित किया था। उस गरुड-स्तंभ पर 9 पंक्तियों का एक लेख है। उस लेख का एक अंश हम यहाँ दे रहे हैं (चित्र 8-7): **गरुडध्वजे अयं कारिते··· हेलिओदोरेण भागवतेन दियस पुतेण तख्खसिलाकेन योनदूतेन आगतेन महाराजस अंतलिकित**।

कलिंगराज **खारवेल** के **हाथीगुंफा लेख** की चर्चा हम पहले कर चुके हैं। यह लेख बहुत बड़ा है और दो हज़ार साल की वर्षा व धूप के आघातों को सहने के कारण इसके कई अक्षर मिट गए हैं। नमूने के लिए यहाँ हम इसके ये शब्द दे रहे हैं (चित्र 8-5): **कलिंगराजवंस पुरिसयुगे माहारजाभिसेचनं**। खारवेल के इस लेख की भाषा प्राकृत है।

इन लेखों के अलावा अशोक के बाद के और ईसवी सन् के आरंभ के पहले के और भी कई लेख मिले हैं। **पभोसा** व **मथुरा** से ईसा पूर्व पहली सदी के लेख मिले हैं। **घोसुंडी** से प्राप्त भागवत संप्रदाय से संबंधित लेख ईसा पूर्व दूसरी सदी का है। इस लेख के दो शब्द नमूने के लिए दे रहे हैं (चित्र 8-3): **संकर्षण वासुदेव**।

अशोक के अभिलेखों के अक्षरों में और इन सारे लेखों के अक्षरों में अधिक अंतर नहीं है। हाँ, कुछ अक्षर कुछ भिन्न-से प्रतीत होते हैं, विशेषतः संयुक्ताक्षर। मथुरा व साँची के लेखों में ळ के लिए भी अक्षर मिलता है। इस काल के कुछ विशिष्ट अक्षर हम चित्र 7 में दे रहे हैं।

बुद्धगया के मंदिर के चारों ओर आज भी कुछ प्राचीन वेदिका-स्तंभ मौजूद हैं। ये स्तंभ ईसा पूर्व दूसरी सदी में तैयार हुए थे। इन स्तंभों को तैयार करते समय शिल्पकारों ने इन पर ब्राह्मी लिपि का एक-एक अक्षर खोद दिया था, ताकि बाद में इन्हें जोड़ने में सुविधा हो। इसलिए बुद्धगया के इन स्तंभों पर हमें ब्राह्मी वर्णमाला के कुछ अक्षर मिल जाते हैं।

सन् 1965 ई. में अंबाला जिले (हरियाणा) के **सुघ** (प्राचीन स्रुघ्न) स्थान से मिट्टी का बना हुआ एक अद्भुत खिलौना मिला है। इस खिलौने में एक बालक को बैठा हुआ और गोद में लिखने की एक **तख्ती** लिए हुए दर्शाया गया है। खिलौने का वह भाग जिसमें बालक का सिर था, टूट गया है। तख्ती ठीक उसी प्रकार की है, जैसी आजकल के बच्चे भी इस्तेमाल करते हैं। यह खिलौना **शुंगकाल** (ईसा पूर्व दूसरी सदी) का है।

खिलौने की उस तख्ती पर चार पंक्तियों में ब्राह्मी लिपि के अक्षर अंकित हैं। ये अक्षर हैं: अ, आ, इ, ई, उ, ऊ, ए, ऐ, ओ, औ, अं, अः। ये **बारहखड़ी** (द्वादशाक्षरी) के स्वराक्षर हैं। चारों पंक्तियों में इन्हीं 12 अक्षरों को दोहराया गया है। बालक ने अपने बाएँ हाथ से तख्ती पकड़ी है और दाएँ हाथ की एक उँगली एक अक्षर के नीचे रखी है। तख्ती पर अंकित सभी पंक्तियों के कुछ अक्षर मिट गए हैं, पर चारों पंक्तियों से पूरे 12 स्वराक्षर स्पष्ट हो जाते हैं।

इन 12 स्वराक्षरों से यह भी स्पष्ट होता है कि ईसा पूर्व दूसरी सदी में अभी ब्राह्मी की वर्णमाला में ऋ, ॠ, ऌ और 'दीर्घ ऌ' स्वराक्षरों का समावेश नहीं हुआ था। ब्राह्मी वर्णमाला के बारे में यह जानकारी बड़े महत्त्व की है।

सुघ से प्राप्त यह खिलौना अब नई दिल्ली के राष्ट्रीय संग्रहालय में है।

दक्षिण भारत की ब्राह्मी लिपि

हमने देखा है कि कर्णाटक (मैसूर) से अशोक के कई लेख मिले हैं। ईसा पूर्व दूसरी सदी में कृष्णा नदी की घाटी में अनेक बौद्धकेंद्र स्थापित हुए थे। इनमें अमरावती, जग्गय्यपेट, विजयपुरी (नागार्जुनकोंडा) आदि स्थानों से प्राचीन स्तूपों के अवशेष और बहुत सारे लेख मिले हैं। लेकिन ये लेख ईसा की पहली सदी के बाद के हैं।

सन् 1970 ई. में गुंटूर जिले के पालनाड़ तालुक के **केसनपल्ली** स्थान से एक प्राचीन स्तूप के अवशेष मिले हैं। इनमें कई ऐसे आयक-स्तंभ हैं, जिन पर लेख उत्कीर्ण हैं (चित्र 9-1)। यहाँ से संगमर्मर का एक पट्ट भी मिला है, जिस पर 100 ई. पू. के आसपास के ब्राह्मी अक्षरों में लेख खुदा हुआ है।

पिछली सदी में दक्षिण भारत के कृष्णा जिले के **भट्टिप्रोलु** गाँव से एक स्तूप के अवशेष तथा चार पात्रों पर उत्कीर्ण लेख मिले थे। इन लेखों की भाषा प्राकृत है, परंतु इनकी ब्राह्मी लिपि की एक विशेषता है। हमने देखा है अशोक के लेखों के व्यंजनों में 'अ' स्वर की मात्रा निहित है। इनमें 'आ' के लिए व्यंजन की दाईं ओर ऊपर एक आड़ी लकीर लगती है। लेकिन भट्टिप्रोलु के एक लेख में क, ख, स आदि व्यंजनों के लिए भी ऊपर दाईं ओर आड़ी लकीरें लगी हैं, इसलिए ये अक्षर का, खा, सा जैसे दीखते हैं (चित्र 9-2)।

कुछ पुरालिपिविदों ने भट्टिप्रोलु के लेखों की लिपि को **द्राविडी लिपि** नाम दिया है। प्राचीन ग्रंथों में द्राविडी लिपि के उल्लेख मिलते हैं। लेकिन हम समझते हैं कि भट्टिप्रोलु के इस लेख की लिपि को द्राविडी लिपि का नाम देना उचित नहीं है। यह ब्राह्मी लिपि ही है। भट्टिप्रोलु के लेख ई. पू. दूसरी-पहली सदी के हैं।

दक्षिण भारत के मदुरा तथा तिरुनेलवेली जिलों से और भूतपूर्व पुद्दुकोटा राज्य के **सित्तनवासल** स्थान से कई **गुफालेख** मिले हैं (चित्र 9-3)। ये लेख **प्राचीन तमिल भाषा** में हैं और बौद्ध धर्म से संबंधित हैं। इनकी लिपि ब्राह्मी ही है। तमिल में कुछ विशेष ध्वनियाँ हैं, इसलिए इन ध्वनियों के लिए कुछ भिन्न अक्षर भी इन लेखों में देखने को मिलते हैं। चूँकि ये लेख तमिल भाषा में हैं, इसलिए इनकी लिपि को हम **द्राविडी लिपि** का नाम दे सकते हैं। लेकिन हमें स्मरण रखना चाहिए कि इस लिपि का मूलाधार ब्राह्मी लिपि ही है।

इस प्रकार, हम देखते हैं कि अशोक के बाद के करीब ढाई सौ वर्षों में स्थान-स्थान के अनुसार ब्राह्मी लिपि का थोड़ा विकास होता है। अगले प्रकरण में हम ईसा की पहली सदी से चौथी सदी तक के ब्राह्मी लेखों की लिपि पर विचार करेंगे।

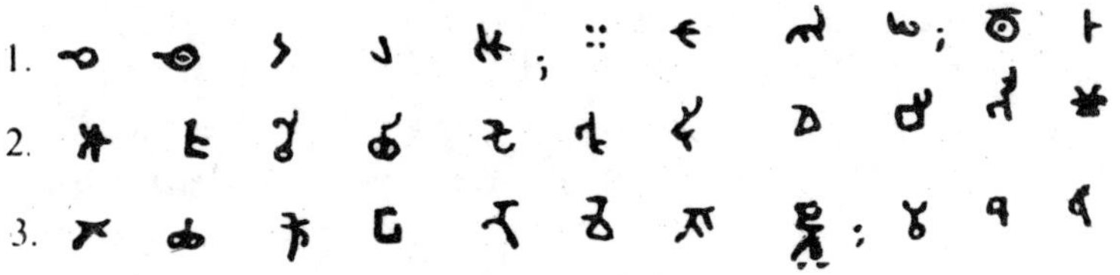

चित्र 7

शुंगकालीन ब्राह्मी के कुछ विशिष्ट अक्षर (क्रमशः)

1. ठे थे द ल सू (दसरथ के लेख); ई टो शि ळ (मथुरा); थो रु (नाणेघाट)
2. आ ऊ खि छि पौ भू ळी (भारहुत); ऐ बी भि मो (हाथीगुंफा)
3. गो छ ञो पा भो वै शो ज्ञा (पभोसा); वी ब्र व्र (नाणेघाट)

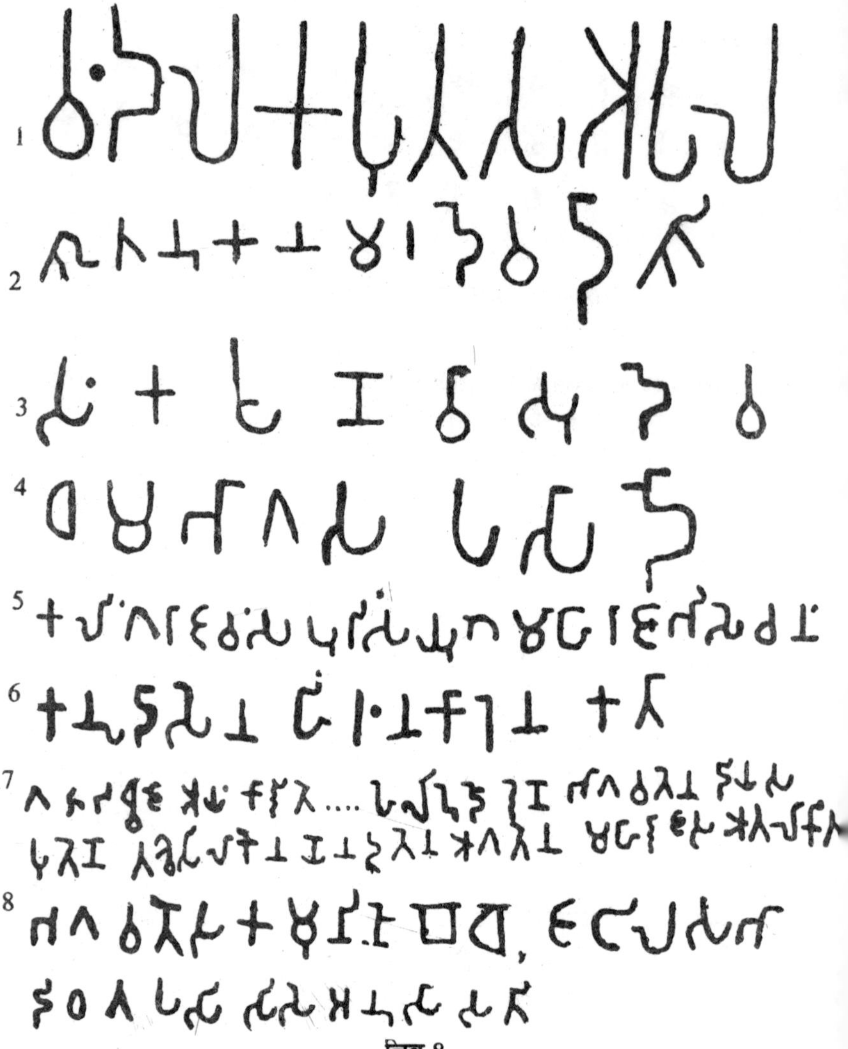

चित्र 8.

लिप्यंतरण :

1. **वंदलक पुतस अपल** (चंडाला, भंडारा जिला)

2. **शुतनुक नम । देवदाशि** (जोगिमार गुफा)

3. **संकर्षण वासुदेव** (घोसुंडी लेख)

4. **धमभागस पसादो** (भाजा)

5. **कलिंगराजवंश पुरिसयुगे माहारजाभिसेचनं** (हाथीगुंफा लेख)

6. **कन्हदासेन हिरंनकारेन कता** (पित्तलखोर)

7. **गरुडध्वजे अयं कारिते ... हेलिओदोरेण भागवतेन दियस पुतेन तख्खसिलाकेन योनदूतेन आगतेन महाराजस अंतलिकित** (हेलिओदोर का लेख, विदिशा)

8. **भगवतो सकमुनिनो बोधो, जटिल सभा** (भारहुत)
दिघतपस सिसे अनुसासति (भारहुत)

चित्र 9

लिप्यंतरण :

1. केसनपल्ली के बौद्ध स्तूप से प्राप्त दानलेख :

   थेरस अयपुस देवस च
   अंतेवासिकस अयबधकस च दानं

2. भट्टिप्रोलु के एक प्रस्तर-पात्र के घेरे पर अंकित लेख :

   अरहदिनानं गोठिया मजूस
   च षमुगो च तेन कम येन
   कुबिरको राजा अकि

3. सित्तनवासल का एक गुफालेख :

   [ब्राह्मी लिपि और प्राचीन तमिल भाषा]

कुषाणकालीन ब्राह्मी

हमने देखा है कि अशोक के लेखों की लिपि में और शुंगकालीन ब्राह्मी लिपि में विशेष अंतर नहीं है। किंतु प्रस्तुत काल के लेखों के अक्षर अशोक के लेखों के अक्षरों से कुछ भिन्न दिखाई देते हैं। यह काल ईसा की प्रथम सदी के आरंभ से चौथी सदी के मध्यकाल तक चलता है। लिपि की विशेषताओं पर विचार करने के पहले इस काल की राजनीतिक पृष्ठभूमि के बारे में कुछ बातें जान लेना जरूरी है।

हमने देखा है कि सिकंदर के बाद बाख्त्रिया और पश्चिमोत्तर भारत में **हिंद-यवनों** का शासन स्थापित हो गया था। फिर, ईसा पूर्व दूसरी सदी में, मध्य एशिया के **शक** लोग भारत में आए। पश्चिमोत्तर भारत में हिंद-यवनों का शासन था, इसलिए ये शक लोग बलूचिस्तान-सिंध के रास्ते से भारत में आए। सिंध में इनका पहला पड़ाव **शकस्थान** या **सीस्तान** कहलाया। फिर ईसा पूर्व पहली सदी में सिंध से लेकर मथुरा तक इन शकों के राज्य स्थापित हो गए।

मथुरा इनका प्रमुख केंद्र था। मथुरा से शक **महाक्षत्रप राजुवुल** और उसके पुत्र **शोड़ास** के लेख मिले हैं। शक क्षत्रपों के सिक्के भी मिले हैं। इनका समय ईसा पूर्व पहली सदी से लेकर ईसा की पहली सदी का मध्यकाल है। इसी काल के मथुरा व आसपास से कुछ जैन लेख भी मिले हैं। इन सभी लेखों की लिपि शुंगकाल की लिपि से मिलती-जुलती है।

फिर ईसा की पहली सदी में **कुषाण** आए। ये भी मध्य एशिया से ही आए। **कणिष्क, हुविष्क, वासुक** आदि प्रसिद्ध कुषाण शासक हुए। कणिष्क के समय के बारे में काफ़ी मतभेद है। पर सामान्यतः मान लिया जाता है कि 78 ई. में **शक-संवत्** की स्थापना कणिष्क ने ही की थी। ब्राह्मी और खरोष्ठी लिपि में कुषाण काल के बहुत सारे लेख मिले हैं।

इसी समय मालवा, सौराष्ट्र और उत्तरी महाराष्ट्र में शक-क्षत्रपों का शासन था। महाराष्ट्र और आंध्र में **सातवाहनों** का भी शासन था। शकों, कुषाणों और सातवाहनों के अनेक लेख मिले हैं।

ईसा की तीसरी सदी में कृष्णा नदी की घाटी के प्रदेश में **इक्ष्वाकु वंश** का शासन शुरू हुआ। इनकी राजधानी विजयपुरी (नागार्जुनकोंडा) में थी। इन इक्ष्वाकुओं के भी अमरावती, जग्गय्यपेट और नागार्जुनकोंडा से अनेक लेख मिले हैं।

फिर 300 ई. के आसपास काँचीपुरम् के प्रदेश में **पल्लवों** का शासन शुरू हुआ। ये पल्लव बाहर से इस प्रदेश में आए थे और संभवतः उत्तरी ईरान के पह्लवों के वंशज थे। सातवाहनों के सामंतों के रूप में दक्षिण भारत में इन्होंने अपने शासन की नींव डाली थी और आगे कई सदियों तक दक्षिण भारत पर इन्होंने शासन किया। मुख्यतः लेखों के आधार पर ही पल्लवों के बारे में हमें जानकारी मिली है। इनके आरंभिक लेख प्राकृत भाषा में हैं और बाद के लेख संस्कृत भाषा में।

अशोक के लेख प्राकृत भाषा में हैं। हमने देखा है कि शुंगकाल के लेख भी प्राकृत भाषा में ही हैं। प्रस्तुत काल के कुषाण, सातवाहन, इक्ष्वाकु और पल्लव लेख भी प्राकृत भाषा में हैं। परंतु पहली बार इसी काल से हमें संस्कृत भाषा में लेख मिलने लग जाते हैं। शुंग राजा धनदेव का ईसा की पहली सदी का अयोध्या से एक छोटा शिलालेख मिला है। इसकी भाषा शुद्ध **संस्कृत** है। संस्कृत भाषा में लिखा गया यह सबसे प्राचीन लेख है। इस लेख में शुंग वंश के संस्थापक **पुष्यमित्र** (ईसा पूर्व दूसरी सदी) के नाम का उल्लेख है। अतः स्पष्ट होता है कि शुंगवंश के संस्थापक का शुद्ध नाम पुष्यमित्र ही था न कि पुष्पमित्र, जैसा कि ब्राह्मण धर्म और जैन धर्म के ग्रंथों में देखने को मिलता है।

इसी काल में पहली बार हमें संस्कृत का एक लंबा लेख प्राप्त होता है। यह है उज्जयिनी के **महाक्षत्रप रुद्रदामन** का **गिरनार लेख** (150 ई.)। रुद्रदामन की यह प्रशस्ति गद्यकाव्य में है, किंतु इस प्रशस्ति के रचयिता का नाम हमें ज्ञात नहीं है। यह प्रभावशाली प्रशस्ति संस्कृत की गौड़ी शैली में लिखी गई है। इसकी भाषा महाभारत, रामायण व पुराणों की भाषा से अधिक जटिल एवं अलंकृत है। इसमें लंबे-लंबे समास हैं और भाषा की दृष्टि से यह कवि **बाणभट्ट** (ईसा की सातवीं सदी, पूर्वार्ध) की भाषा के अधिक निकट है।

प्रस्तुत काल के शेष प्रमुख लेख प्राकृत में ही हैं। इक्ष्वाकु शासकों के लेख और पल्लवों के आरंभिक ताम्रशासन प्राकृत में हैं। इस प्रकार हम देखते हैं कि बाहर से आए हुए इन शक, कुषाण व पल्लव शासकों ने जल्दी ही भारतीय भाषा, लिपि तथा संस्कृति को अपना लिया था।

अशोक तथा शुंगकाल के लेखों के अक्षरों की रेखाएँ खड़ी या आड़ी हैं। परंतु प्रस्तुत काल के अक्षरों की रेखाएँ टेढ़ी और कुछ गोल हो जाती हैं। अक्षर अधिक कलात्मक बनते हैं। इस काल के ब्राह्मी अक्षरों की चार प्रमुख विशेषताएँ हैं :

1. अशोक के लेखों के अक्षरों पर सिर नहीं हैं। परंतु प्रस्तुत काल में पहली बार हम अक्षरों के सिरों पर छोटी घुंडियाँ देखते हैं। फिर अक्षरों के सिरों पर छोटी आड़ी लकीरें प्रकट होती हैं। फिर ये शिरोरेखाएँ कुछ मोटी होती जाती हैं। आगे चौथी-पाँचवीं सदी के लेखों में ये शिरोचिह्न ठोस या खोखले वर्गाकार बन जाते हैं। दूसरी तरफ, कुषाण काल के ब्राह्मी लेखों के अक्षरों के सिरे छोटे त्रिकोणात्मक रूप भी धारण करते हैं (चित्र 10-1)।

2. अशोक के लेखों में व्यंजनाक्षरों के साथ जुड़नेवाली स्वरों की मात्राएँ सीधी (खड़ी या आड़ी) हैं। परंतु कुषाण काल की ब्राह्मी लिपि में ये मात्राएँ दाईं या बाईं ओर टेढ़ी हो जाती हैं। 'आ' की मात्रा दाईं तरफ ऊपर की ओर टेढ़ी हो जाती है। 'इ' और 'ई' की मात्राएँ कुछ गोलाकार हो जाती हैं। 'ए' की मात्रा बाईं ओर टेढ़ी हो जाती है (चित्र 10-3)। इक्ष्वाकु लेखों में ये मात्राएँ अधिक लंबी और कलात्मक हो जाती हैं।

प्रस्तुत काल में अनुस्वार का बिंदु एक छोटी आड़ी लकीर बन जाता है और यह लकीर अक्षर के सिर पर रहती है (चित्र 10-3)।

3. तेजी से और कुछ घसीट लिखने के कारण कुषाण काल के ब्राह्मी अक्षर कुछ नए रूप धारण करते हैं। न, ण, स, ल, स्य आदि अक्षरों के वक्रिल रूप अशोक की ब्राह्मी लिपि से कैसे विकसित हुए हैं, यह समझने के लिए देखिए चित्र 10-4।

अक्षरों को कलात्मक बनाने की प्रवृत्ति के कारण प्रस्तुत काल के अक्षरों की मात्राओं में गोलाइयाँ आई हैं, खड़ी रेखाएँ ऊपर या नीचे झुक गई हैं और कुछ अक्षरों के बीच में मोड़ आ गए हैं। जग्गय्यपेट व नागार्जुनकोंडा के लेख ब्राह्मी सुलेखन के बढ़िया नमूने हैं।

4. प्रस्तुत काल से हमें कुछ नए अक्षर मिल जाते हैं (चित्र 10-2)। 'सिद्धम्' शब्द के हलंत म (म्) के लिए व्यवस्था है। यह 'म्' अक्षर 'म' जैसा ही है, परंतु कुछ छोटा है और 'द्ध' की दाईं ओर कुछ नीचे जोड़ा गया है। 'ङ्ग' और 'ङ्घ' संयुक्ताक्षर भी मिलते हैं। इनमें 'ङ' अक्षर [जैसा है।

अब **जिह्वामूलीय** और **उपध्मानीय** ध्वनियों के लिए भी चिह्न मिलते हैं। आगे शिलालेखों, ताम्रपत्रों और हस्तलिपियों में इन ध्वनियों के लिए चिह्न मिलते हैं। 'क' और 'ख' के पहले विसर्ग (:) का उच्चारण कुछ विशेष होता था और **जिह्वामूलीय** कहलाता था। इसी प्रकार 'प' और 'फ' के पहले विसर्ग का उच्चारण कुछ विशेष होता था, जिसे **उपध्मानीय** कहते

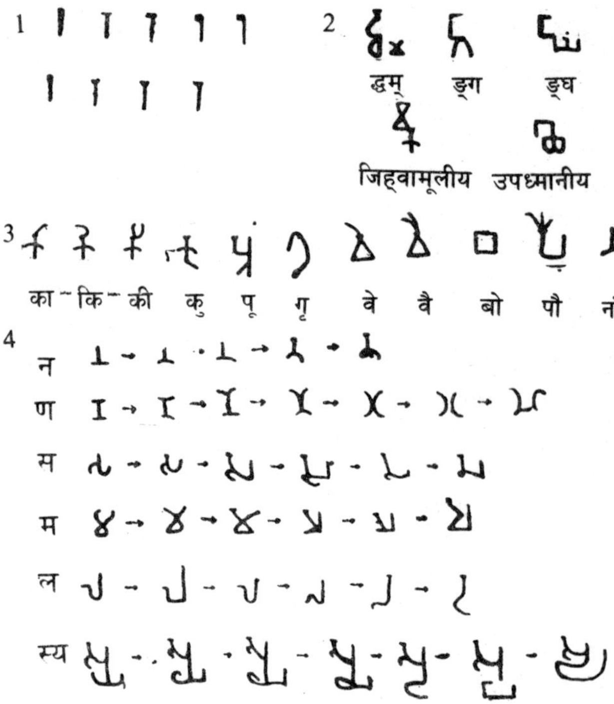

1

2

ढ्म् ङ्ग ङ्घ

जिह्वामूलीय उपध्मानीय

3

का कि की कु पू गृ वे वै बो पौ नं

4

न

ण

स

म

ल

स्य

चित्र 10

कुषाणकालीन ब्राह्मी लिपि की विशेषताएँ

1. **शिरोचिह्नों का विकास**
2. **नए अक्षर : ढ्म्. ङ्ग, ङ्घ (ऊपर)**
   जिह्वामूलीय, उपध्मानीय (नीचे)
3. **कुषाण लेखों की स्वर-मात्राएँ :**
4. **कुषाणकालीन ब्राह्मी अक्षरों के वक्रिल रूपों का विकास**

थे। जिह्वामूलीय और उपध्मानीय के चिह्न 'क' और 'प' के ऊपर बाईं ओर जोड़े जाते थे (चित्र 10-2)।

प्रस्तुत काल के कई लेखों में 'ळ' के लिए भी अक्षर मिलता है। पल्लव लेखों में म, न, सि और म्मो जैसे कुछ अक्षर विशेष हैं (चित्र 12-4)।

अब हम प्रस्तुत काल के कुछ प्रमुख लेखों पर विचार करेंगे। कुछ लेखों के संक्षिप्त नमूने प्रकरण के अंत में दिए गए हैं। उनका देवनागरी लिप्यंतरण भी दिया गया है।

पूर्वी राजस्थान, मथुरा के आसपास का प्रदेश, सारनाथ तथा साँची से प्रस्तुत काल के ऐसे अनेक लेख मिले हैं जिनमें कुषाण सम्राटों के नाम आए हैं। कुषाणों में सबसे प्रसिद्ध शासक **कणिष्क** हुआ। उसका साम्राज्य मध्यदेश से लेकर मध्य एशिया तक फैला हुआ था। उसने पुरुषपुर (पेशावर) नगर बसाया और अपनी राजधानी वहाँ ले आया।

कणिष्क बौद्ध धर्म का अनुयायी था। उसने कई स्तूप और विहार बनवाए। उसने कश्मीर में बौद्धों की चौथी संगीति का आयोजन किया, जिसमें पार्श्व, वसुमित्र तथा अश्वघोष-जैसे पंडितों ने भाग लिया। इस संगीति में अभिधर्म के बुद्ध-वचनों पर विचार-विमर्श हुआ और बौद्धों के सर्वास्तिवाद मत के अनुसार अभिधर्म की व्याख्या हुई। इसी व्याख्या-साहित्य को **विभाषाशास्त्र** कहते हैं।

तिब्बती ग्रंथों से जानकारी मिलती है कि कणिष्क की आज्ञा से यह सारा विभाषा वाङ्मय ताम्रपत्रों पर खोदा गया और इन ताम्रपत्रों को पत्थरों के संदूकों में बंद करके कश्मीर के एक नवनिर्मित स्तूप में रख दिया गया। कश्मीर में अभी तक इस स्तूप की खोज नहीं हुई है।

जिस त्रिपिटक में बुद्ध-वचनों का संकलन हुआ है, वह महाभारत से भी बड़ा है। विभाषा साहित्य काफी बड़ा रहा होगा। अतः इस सारे साहित्य को ताम्रपत्रों पर अंकित करना सचमुच ही एक अनुपम प्रयास रहा होगा। इसी संदर्भ में यह जानकारी रोचक होगी कि पिछली सदी में बर्मी राजा मिन्-दोन्-मिन् (1852-77 ई.) ने सारे त्रिपिटक को संगमरमर की शिलाओं पर खुदवाया था। सारा त्रिपिटक आज भी 729 संगमरमर-शिलाओं पर मांडले के पास कुथो-दाच् विहार के प्रांगण में देखा जा सकता है।

मथुरा के पास के मात गाँव के टोकरी टीले से कणिष्क की एक आदमकद मूर्ति मिली है, परंतु इसका सिर गायब है। लाल पत्थर की बनी हुई यह मूर्ति मथुरा संग्रहालय में रखी हुई है। इस मूर्ति पर घुटनों के पास चोगे के ऊपर ब्राह्मी लिपि में एक पंक्ति खुदी हुई है : **महाराजा राजातिराजा देवपुत्रो कानिष्को** (चित्र 11-1)।

कुषाणों के पहले मथुरा में जिन शकों का शासन था, उन्हीं की ब्राह्मी लिपि से कुषाणों की ब्राह्मी लिपि का विकास हुआ था। कुषाणों का शासन सारनाथ तक था। वाराणसी से प्राप्त एक बुद्ध-मूर्ति के छत्र पर एक लेख मिला है, जिसमें कणिष्क के नाम का उल्लेख है। हमने इस लेख का जो अंश यहाँ दिया है, (चित्र 11-2), उसमें 'सं', 'हे' तथा 'दि' अक्षर आए हैं। ये अक्षर क्रमशः 'संवत्' 'हेमंत' तथा 'दिवस' शब्दों के संक्षेप हैं। इस लेखांश में 3 और 22 के लिए संख्यांक हैं। 22 को 20 और 2 के संकेतों के योग से

लिखा गया है। इससे स्पष्ट होता है कि अभी **दाशमिक स्थानमान अंक-पद्धति** का प्रचलन नहीं था।

कणिष्क का उत्तराधिकारी था वासिष्क और वासिष्क का उत्तराधिकारी था **हुविष्क**। मथुरा जिले के गिरधरपुर टीले के पास के एक कुएँ से एक स्तंभ मिला है, जिस पर एक लेख खुदा हुआ है। इसमें हुविष्क का उल्लेख है। तेरह पंक्तियों के इस लेख में पुण्यशाला के निर्माण की जानकारी है। लेख स्पष्ट है और इसमें कुषाण शैली के बढ़िया ब्राह्मी अक्षरों का इस्तेमाल हुआ है (चित्र 11-3)।

इस समय पश्चिमी महाराष्ट्र में शक-क्षत्रपों और सातवाहनों का बारी-बारी से शासन रहा है। नासिक से क्षत्रप नहपान के जामाता **उषवदात** का एक लेख मिला है, जिसके ब्राह्मी अक्षर कुषाणों के लेखों-जैसे हैं। इस लेख का जो अंश हमने यहाँ दिया है (चित्र 11-4) उसमें आरंभ में ही 'सिद्धम्' शब्द है और उसके बाद स्वस्तिक का चिह्न है। देखिए, 'द्ध' के बाद **हलंत म** (म्) किस प्रकार लिखा गया है।

नासिक की जिस गुफा में उषवदात का लेख खुदा हुआ है, उसी में राजमाता **गोतमी बलसिरि** का एक लेख खुदा हुआ है (चित्र 11-5), जो ईसा की दूसरी सदी का है। इस सातवाहन रानी ने अपने पोते **वासिठीपुत सिरिपुळुमावि** की शक्ति का गुणगान किया है और उसे क्षहरात वंश का मूलोच्छेद करके सातवाहन कुल के यश की पुनर्स्थापना करनेवाला (खखरातवसनिरवसेसकरस सातवाहनकुलयसपतिथापनकरस) कहा है। इस लेख के ब्राह्मी अक्षर एक तरफ उत्तर भारत के कुषाण अक्षरों से मिलते हैं, तो दूसरी तरफ एक सदी बाद के दक्षिण भारत के इक्ष्वाकु तथा पल्लव लेखों से मिलते हैं।

महाक्षत्रप **रुद्रदामन** के जूनागढ़ लेख (चित्र 12-1) की चर्चा हम पहले कर चुके हैं। यह लेख खूब मँजी हुई संस्कृत भाषा में है। यह लेख गिरनार की उसी चट्टान पर खुदा हुआ है, जिस पर **अशोक** व **स्कंदगुप्त** के लेख खुदे हुए हैं। बीस पंक्तियों के इस लेख के कुछ शब्द मिट गए हैं। ऐतिहासिक दृष्टि से यह लेख विशेष महत्त्व का है। इसी लेख (150 ई.) से हमें जानकारी मिलती है कि चंद्रगुप्त मौर्य के समय में यहाँ सुदर्शन नामक एक सरोवर का निर्माण हुआ था, अशोक के एक राष्ट्रिक (प्रांतीय शासक) ने इसकी मरम्मत करवाई थी और रुद्रदामन की आज्ञा से पुनः इसके बाँध बाँधे गए थे।

नागार्जुनकोंडा और जग्गय्यपेट से प्राप्त लेखों में कुषाणकालीन ब्राह्मी लिपि कलात्मक रूप धारण करती है। इनमें अ, आ, क, ञ, र तथा ल की

खड़ी रेखाएँ और इ, ई तथा उ की मात्राएँ काफी लंबी हैं और सुंदरता से मुड़ी हुई हैं।

इक्ष्वाकु वंश के शासक **सिरि विरपुरिसदत** का कई लेखों में उल्लेख मिलता है। विजयपुरी (नागार्जुनकोंडा) इक्ष्वाकुओं की राजधानी थी। समीप ही विशाल नागार्जुन सागर बाँध तैयार हो जाने से विजयपुरी अब जलाशय में डूब गई है। परंतु इसके पहले ही भारत सरकार के पुरातत्व-विभाग ने विजयपुरी के 'सारे पुरावशेष' मूल स्थान से उठवाकर जलाशय के बीच की एक ऊँची पहाड़ी पर स्थापित कर दिए हैं। इस पहाड़ी पर एक संग्रहालय भी है, जिसमें नागार्जुनकोंडा के पुरावशेष रखे हुए हैं।

इक्ष्वाकु वंश के शासक कार्तिकेय के भक्त थे, परंतु उनकी रानियाँ तथा राजकुमारियाँ बौद्ध उपासिकाएँ थीं! इन्हीं के प्रयास से विजयपुरी में एक महाचैत्य की स्थापना हुई थी। इस महाचैत्य के कुछ आयक-स्तंभ मिले हैं, जिन पर लेख खुदे हुए हैं। ऐसे ही एक आयक-स्तंभ पर खुदे हुए एक लेख का अंश हम यहाँ दे रहे हैं (चित्र 12-2)। इस लेखांश में देखिए 'र' तथा 'ञ' अक्षरों और 'उ' तथा 'इ' की मात्राओं के कलात्मक वक्र।

कृष्णा की घाटी में इक्ष्वाकुओं का शासन समाप्त हुआ, तो ईसा की चौथी सदी के पूर्वार्ध में राजधानी काँचीपुरम् से हम पल्लवों को शासन करते देखते हैं। हम बता चुके हैं कि मुख्यतः अभिलेखों से ही इन पल्लवों का इतिहास जाना गया है। पल्लवों के आरंभिक लेख प्राकृत में हैं और बाद के लेख संस्कृत में।

पल्लव शासक **शिवस्कंदवर्मन्** (सिवखंदवम्मो : ईसा की चौथी सदी, पूर्वार्ध) का **हीरहड़गल्ली दानपत्र** प्रसिद्ध है। इस दानपत्र का एक अंश हम यहाँ दे रहे हैं (चित्र 12-3)। इस दानपत्र की ब्राह्मी लिपि दक्षिणी शैली की है, परंतु इसके अक्षर सातवाहनों के लेखों के अक्षरों से अधिक भिन्न नहीं हैं। इस दानपत्र के कुछ पहले का है शिवस्कंदवर्मन् का **मयिडवोलु दानपत्र**। इस दानपत्र की ब्राह्मी लिपि के कुछ अक्षर भिन्न हैं। इस दानपत्र से हमने यहाँ **महाराजो पलवानं सिवखंदवम्मो** शब्द दिए हैं (चित्र 12-4)। इनमें 'म', 'जो' 'नं', 'सि' तथा 'म्मो' अक्षर कुछ विशेष हैं।

दो-तीन सदियों बाद इस **पल्लव लिपि** का और अधिक विकास होता है। तब यह पल्लव लिपि दक्षिण-पूर्व एशिया के देशों में भी पहुँचती है। यह श्रीलंका की लिपि को भी प्रभावित करती है। कालांतर में इसी पल्लव लिपि से **तमिलग्रंथ लिपि** अस्तित्व में आती है। इस प्रकार हम देखते हैं कि भारतीय लिपियों के इतिहास में इस पल्लव लिपि का बड़ा महत्त्व है।

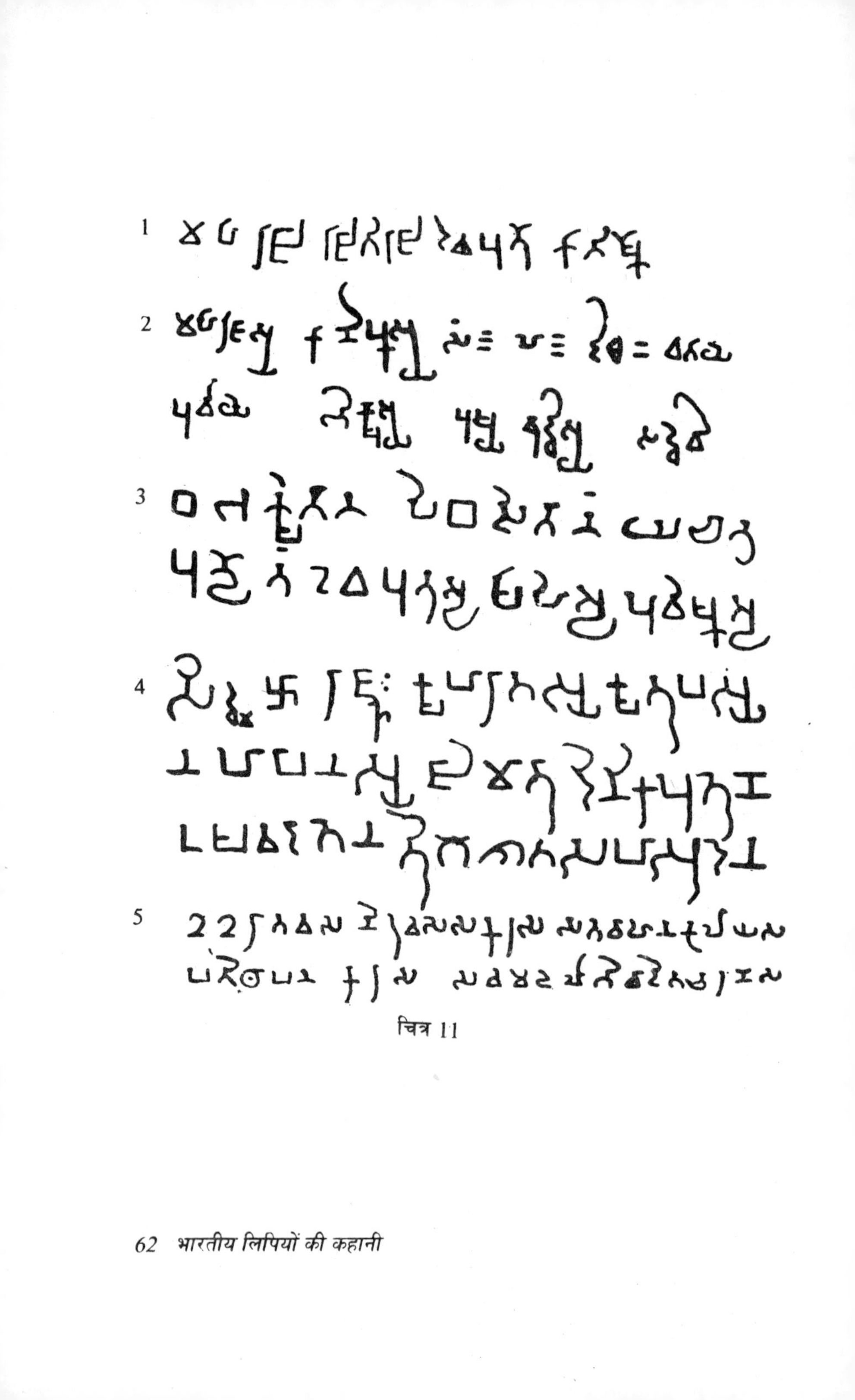

चित्र 11

लिप्यंतरण :

1. कणिष्क की मूर्ति (मथुरा संग्रहालय) पर खुदा हुआ लेख :

महाराजा राजातिराजा देवपुत्रो कानिष्को

2. वाराणसी से प्राप्त कणिष्क के समय की एक बुद्ध-मूर्ति के छत्र पर खुदे हुए लेख का अंश :

महाराजस्य काणिष्कस्य सं 3 हे 3 दि 20 2 एताये
पूर्वये भिक्षुस्य पुष्यबुद्धिस्य सद्धेवि-

3. हुविष्क के शासनकाल का गिरधरपुर (मथुरा) से प्राप्त स्तंभलेख का अंश :

बभक्षितान पिबसितानं य च तु
पुण्य तं देवपुत्रस्य षाहिस्य हुविष्कस्य

4. उषवदात के नासिक गुफालेख का अंश :

सिद्धम् 卐 राज्ञः क्षहरातस्य क्षत्रपस्य
नहपानस्य जामात्रा दीनीकपुत्रेण
उषवदातेन त्रिगोशसहस्रदेन

5. सातवाहन रानी गोतमी बलसिरि के नासिक गुफालेख का अंश :

खखरातवसनिरवसेसकरस सातवाहनकुलयस-
पतिथापनकरस सवमदलाभिवादितचरणस

1

2

3

4

चित्र 12

लिप्यंतरण :

1. महाक्षत्रप रुद्रदामन के गिरनार लेख का एक अंश :

**परमलक्षणव्यंजनैरुपेतकान्तमूर्तिना स्वयमधिगत
महाक्षत्रपनाम्ना नरेन्द्रकन्यास्वयंवरानेकमाल्यप्राप्त–
दाम्ना महाक्षत्रपेण रुद्रदाम्ना वर्षसहस्राय गोब्राह्म (ण)**...

2. नागार्जुनकोंडा के महाचैत्य से प्राप्त एक आयक-स्तंभ पर उत्कीर्ण लेख का अंश :

**भगवतो संमसबुधस धातुवरपरिगहीतस महा-
चेतिये इमं खंभं पतिठपनति रञो सिरिविरपुरिस**

3. पल्लव-नरेश शिवस्कंदवर्मन् के हीरहड़गल्ली दानपत्र का अंश :

**धम्ममहा सिद्धम ।। राजाधिराजो भार-
द्दायो पल्लवाण सिवखंदवम्मो**

4. पल्लव-नरेश शिवस्कंदवर्मन् के मयिडवोलु दानपत्र के तीन शब्द :

महाराजो पलवानं सिवखंदवम्मो

गुप्तकालीन ब्राह्मी लिपि की शैलियाँ

एक ही मूल लिपि का विकास होने पर देश-काल के अनुसार जब उसकी अनेक शैलियाँ अस्तित्व में आती हैं, तो उनके नामकरण में बड़ी कठिनाई होती है। हमने देखा है कि अशोक ने अपने अभिलेखों की लिपि को 'धम्मलिपि' कहा है। पर बाद के साहित्य में इस देश की प्रमुख लिपि के लिए **ब्राह्मी** (बंभी) नाम मिलता है, इसलिए हमने इसे 'अशोक के अभिलेखों की ब्राह्मी लिपि' कहा है।

अशोक के बाद की दो-तीन सदियों में इस लिपि का थोड़ा विकास हुआ। क्या नाम दें इसे? सुविधा के लिए हमने इसे एक ऐच्छिक नाम दे दिया— 'शुंगकालीन ब्राह्मी लिपि'। पर वास्तविकता यह है कि खुद शुंग शासकों के शायद एक-दो ही छोटे लेख मिले हैं। शुंग शासक ब्राह्मणधर्म के अनुयायी थे। दूसरी ओर, इस काल के अधिकांश उपलब्ध लेख बौद्ध व जैन धर्मों से संबंधित हैं।

आगे ईसा के आरंभ की लगभग तीन सदियों की लिपिशैलियों को हमने 'कुषाणकालीन ब्राह्मी लिपि' का नाम दिया है। वस्तुतः यह नाम भी ठीक नहीं है, क्योंकि इस काल के शकों, सातवाहनों, इक्ष्वाकुओं और पल्लवों के बहुत सारे लेख मिले हैं। किंतु पिछले करीब सौ साल से पुरालिपिविद इन ऐच्छिक नामों का इस्तेमाल करते आए हैं, इसलिए हमें अब इन्हें स्वीकार करना पड़ता है।

गुप्त शासकों के समय में इस ब्राह्मी लिपि का और अधिक विकास होता है। इसकी कई शैलियाँ अस्तित्व में आती हैं। स्वयं गुप्त शासकों के लेख एक शैली के नहीं हैं। गुप्तों के समकालीन महाविदर्भ के वाकाटक शासकों के अनेक ताम्रपत्र मिले हैं। वलभी के शासकों के ताम्रपत्र मिले हैं। दक्षिण भारत के पल्लव लेखों में इस लिपि का और अधिक विकास होता है। इसी काल में यह लिपि मध्य एशिया पहुँचती है और वहाँ हस्तलिपियों में इसका इस्तेमाल होता है।

किसी भी अभिलेख में 'शुंग लिपि', 'कुषाण लिपि' या 'गुप्त लिपि' जैसे नाम नहीं मिलते। फिर भी अनेक पुरालिपिविदों ने 350 ई. से 550 ई. तक के उत्तर भारत के अभिलेखों की लिपि को 'गुप्त लिपि' का नाम दिया है। महज सुविधा के लिए हम प्रस्तुत काल के उत्तर, पश्चिम तथा पूर्वी भारत के अभिलेखों की लिपि को 'गुप्तकालीन ब्राह्मी लिपि' का नाम दे रहे हैं। इसकी अनेक शैलियाँ हैं। प्रस्तुत काल की दक्षिण भारत की ब्राह्मी लिपि पर हम अलग से विचार करेंगे।

यह ब्राह्मणधर्म और संस्कृत भाषा के पुनरुत्थान का युग था। देश के विभिन्न प्रदेशों में सामंतवादी राज-व्यवस्था जन्म ले रही थी। सम्राटों और जनता के बीच में भूस्वामी, महासामंत या मांडलिकों का एक नया वर्ग जन्म ले रहा था। ऐसी स्थिति में राजदरबारों में आम जनता की भाषा की कौन परवाह करता? इस काल में संस्कृत भाषा में बहुत सारे ग्रंथ लिखे गए। अधिकांश पुराण गुप्तों के समय में लिखे गए। इस काल में महान कवि, नाटककार और वैज्ञानिक हुए, जिन्होंने अपने ग्रंथ संस्कृत भाषा में लिखे। जैन और बौद्ध पंडितों ने भी प्राकृत को छोड़ दिया और संस्कृत को अपनाया।

इस काल के अभिलेखों की प्रमुख भाषा संस्कृत है। गुप्तों के सारे लेख संस्कृत भाषा में हैं। वाकाटकों के लेख भी संस्कृत में हैं। दक्षिण भारत के पल्लव शासक भी प्राकृत को छोड़कर संस्कृत को अपनाते हैं।

कलम और स्याही के इस्तेमाल के कारण इस काल के ब्राह्मी अक्षरों को नए रूप मिले (चित्र 13)। कलम के इस्तेमाल के कारण अक्षरों की खड़ी रेखाओं के सिरे ठोस त्रिकोण के आकार के हो गए (चित्र 14-2 क)। कुछ लेखों में ये सिरे खोखले त्रिकोण या चौकोण के आकार के हैं। कुछ लेखों में अर्धवृत्ताकार खोखले सिर भी मिलते हैं।

कलम के इस्तेमाल के कारण ही पाँचवीं सदी के बाद के लेखों में अक्षरों की खड़ी रेखाओं के नीचे एक प्रकार के 'पादचिह्न' दिखाई देते हैं। इन्हीं पादचिह्नों से कालांतर में अक्षरों को नए रूप मिलते हैं। बाद में स्वरमात्राओं की रेखाएँ मोटी-पतली होती जाती हैं। इसी प्रयास से सातवीं सदी से कलात्मक अक्षरों का विकास होता है (चित्र 16)। पाठक देखेंगे कि इस काल के कुछ अक्षर नागरी लिपि के अक्षरों से मिलते-जुलते हैं।

इस काल के लेखों में 'ओम्' के लिए एक चिह्न मिलता है, जिसके प्रदेशों के अनुसार भिन्न-भिन्न रूप देखने को मिलते हैं। स्वर-रहित हलंत व्यजन की भी व्यवस्था है। हलंत का यह चिह्न वर्तमान हलंत चिह्न

(९) जैसा ही है। इस काल के अनेक लेखों में जिह्वामूलीय व उपध्मानीय ध्वनियों के लिए चिह्नों की व्यवस्था है। गुप्तों के लेखों में 'ळ' भी मिलता है; जैसे, समुद्रगुप्त की प्रयाग-प्रशस्ति के 'कौराळक' शब्द में।

अब हम इस काल के प्रमुख लेखों पर विचार करेंगे। इनमें से कुछ के संक्षिप्त नमूने चित्रों में दिए गए हैं।

गुप्त शासकों ने एक नया संवत् चलाया—**गुप्त-संवत्**। अभिलेखों में इसके लिए 'गुप्तकाल', 'गुप्तवर्ष' जैसे शब्दों का प्रयोग हुआ है। गुप्त-संवत् की शुरुआत 319-20 ई. से मानी जाती है। विद्वानों का मत है कि 'महाराजाधिराज' चंद्रगुप्त (प्रथम) ने इस नए संवत् को चलाया था। आगे वलभी के शासकों ने भी इस गुप्त-संवत् का इस्तेमाल किया और अंत में इसे **वलभी-संवत्** का नाम दिया गया। तेरहवीं सदी तक विविध अभिलेखों में इस गुप्त-संवत् का व्यवहार देखने को मिलता है।

परंतु बड़े ताज्जुब की बात है कि ऐतिहासिक दृष्टि से अत्यंत महत्त्वपूर्ण गुप्तों के एक लेख में किसी संवत् का इस्तेमाल नहीं हुआ है। यह लेख है—समुद्रगुप्त की **प्रयाग-प्रशस्ति**। इस प्रख्यात प्रशस्ति में कोई तिथि नहीं है। आगे भी कई गुप्त लेखों में तिथि नहीं मिलती।

इलाहाबाद (प्रयाग) में गंगा-यमुना के संगम के समीप के किले में करीब 11 मीटर ऊँचा एक अशोक-स्तंभ खड़ा है। अशोक ने यह स्तंभ कौशांबी में खड़ा किया था। इस पर उसके दो लेख खुदे हुए हैं। कौशांबी से यह स्तंभ कब प्रयाग लाया गया, इसके बारे में हमें जानकारी नहीं मिलती। इसी स्तंभ पर 33 पंक्तियों में समुद्रगुप्त की प्रशस्ति खुदी हुई है।

इस प्रशस्ति में समुद्रगुप्त की भारत-दिग्विजय का वर्णन है। समुद्रगुप्त के बारे में ठोस जानकारी हमें इसी प्रशस्ति से मिलती है। इस प्रशस्ति में अंत में समुद्रगुप्त के पूर्वजों के नाम हैं। आरंभ के दो गुप्त शासक, **गुप्त** और **घटोत्कच**, सिर्फ 'महाराज' (सामंत) थे फिर घटोत्कच के पुत्र **चंद्रगुप्त** (प्रथम) को 'महाराजाधिराज' कहा गया है। चंद्रगुप्त (प्रथम) और लिच्छविकन्या कुमारदेवी से उत्पन्न पुत्र ही **समुद्रगुप्त** था, इसलिए प्रशस्ति में उसे 'लिच्छविदौहित्र' कहा गया है।

इस प्रशस्ति के लेखक **कवि हरिषेण** हैं। वे गुप्तों के दरबारी मंत्री थे। इस प्रशस्ति की रचना चंपू काव्य की शैली में हुई है। प्रशस्ति के आधार पर कहा जा सकता है कि हरिषेण उच्चकोटि के कवि थे। लेकिन उनका कोई काव्यग्रंथ नहीं मिलता। गुप्तों के लेखों में उस समय के किसी अन्य कवि या विद्वान का नाम नहीं मिलता।

यह प्रशस्ति अनुमानतः 350 ई. के आसपास खोदी गई थी । इसमें उन राजाओं या राज्यों का उल्लेख है जिन्हें समुद्रगुप्त ने परास्त किया था । समुद्रगुप्त दिग्विजय करते हुए दक्षिण में संभवतः कांचीपुरम् तक चला गया था ।

इस महत्त्वपूर्ण प्रशस्ति के आरंभिक अर्धांश के अनेक शब्द मिट गए हैं । परंतु शेष अर्धांश सुरक्षित है । यहाँ हम इस प्रशस्ति की 28वीं-29वीं पंक्तियों में से एक अंश दे रहे हैं (चित्र 14-1) । इसमें समुद्रगुप्त तक गुप्तों की वंशावली दी गई है । पाठक देखेंगे कि इसके अक्षर कुषाणकालीन उत्तर भारत के लेखों के अक्षरों से अभी काफ़ी मिलते-जुलते हैं ।

परंतु **एरण** (प्राचीन ऐरिकिण, जिला सागर, मध्य प्रदेश) प्राप्त समुद्रगुप्त के शिलालेख के अक्षर भिन्न हैं (चित्र 14-2 क तथा ख) । इस लेख में ठोस त्रिकोणशीर्ष तथा खोखले पेटिकाशीर्ष ब्राह्मी अक्षरों का इस्तेमाल हुआ है । बाद में हम देखते हैं कि समुद्रगुप्त के पौत्र और चंद्रगुप्त (द्वितीय) के पुत्र कुमारगुप्त (प्रथम) के **बिलसद स्तंभलेख** (गुप्त-संवत् 96=ई. स. 415) में अक्षरों के सिरों पर मोटी आड़ी लकीरों (ठोस पेटिकाशीर्षों) का इस्तेमाल हुआ है (चित्र 14-3) । वाकाटक शासकों के ताम्रशासनों में इस पेटिकाशीर्ष ब्राह्मी लिपि का खूब इस्तेमाल हुआ है ।

समुद्रगुप्त के पुत्र चंद्रगुप्त (द्वितीय) के मथुरा, उदयगिरि, साँची आदि स्थानों से लेख मिले हैं । इनमें मथुरा का स्तंभलेख चंद्रगुप्त (द्वितीय) का संभवतः पहला लेख है । इसमें गुप्त-संवत् 61 (380 ई.) दिया हुआ है । साँची का लेख गुप्त-संवत् 93 (412 ई.) का है ।

लगभग इसी काल का ऐतिहासिक दृष्टि से महत्त्वपूर्ण एक लेख प्राप्त होता है । यह है महरौली (दिल्ली) में कुतुबमीनार के पास खड़े लौहस्तंभ पर उत्कीर्ण लेख । छह पंक्तियों के इस **लौहस्तंभ लेख** के ब्राह्मी अक्षर समुद्रगुप्त की प्रयाग-प्रशस्ति के अक्षरों से काफ़ी समानता रखते हैं । इस लेख में राजा 'चंद्र' का उल्लेख है और उसकी बंगाल, वाहलिक तथा दक्षिण के सागरों तक की विजय का वर्णन है । अंतिम पद में कहा गया है कि चंद्र ने यह **विष्णुध्वज** विष्णुपद पर्वत पर खड़ा किया था ।

इस लेख का 'चंद्र' राजा कौन है ? इस सवाल को लेकर विद्वानों में बड़ा मतभेद है । चंद्र नाम के कई शासक हुए हैं । जैसे, चंद्रगुप्त प्रथम, चंद्रगुप्त द्वितीय, पुष्करणाधिपति चंद्रवर्मन, नाग चंद्रांश, चंद्र-कणिष्क (कणिष्क प्रथम) इत्यादि । अनेक विद्वानों का मत है कि इस लेख का 'चंद्र' चंद्रगुप्त (प्रथम या द्वितीय) है । जो भी हो, इस लेख के ब्राह्मी अक्षर 400 ई. के

आसपास के हैं। नमूने के लिए हम इस लेख के कुछ शब्द दे रहे हैं (चित्र 14-4)। इस लेख में एक भी स्वराक्षर नहीं है।

चंद्रगुप्त (द्वितीय) के पुत्र कुमारगुप्त (प्रथम) के कई लेख मिले हैं। इनमें से बिलसद स्तंभलेख का नमूना हम दे चुके हैं। कुमारगुप्त का करंडांडा (फैजाबाद जिले) से शिवलिंग के निचले भाग पर खुदा हुआ एक लेख मिला है। इसमें गुप्त-संवत् 117 (ई. स. 436) दिया हुआ हैं। इस लेख का एक अंश हम दे रहे हैं (चित्र 14-5)।

आगे के गुप्त शासकों के भी कई लेख मिले हैं। गुप्त शासकों के ताम्रपत्र व सिक्के मिले हैं, उत्कीर्ण मुद्राएँ भी मिली हैं।*

महाराज लक्ष्मण का पाली गाँव से एक दानपत्र (पाँचवीं सदी) मिला है। इसके अक्षर बढ़िया हैं और छठी सदी की उत्तर भारत की लिपि से अधिक मिलते हैं। इसका जो नमूना हमने दिया है, उसमें देखिए 'ओम्' का चिह्न (चित्र 14-6)।

गुप्तकाल की उत्तर भारत की ब्राह्मी लिपि ईसा की पाँचवीं-छठी सदी में पश्चिमोत्तर भारत तथा मध्य एशिया में पहुँच गई थी। इस लिपि में बहुत सारे ग्रंथ लिखे गए। इसकी दो शैलियाँ हैं : **खड़ी गुप्त लिपि** और **तिरछी गुप्त लिपि**। भारतीय भाषाओं के ग्रंथ खड़ी गुप्त लिपि में लिखे गए हैं और मध्य एशिया (चीनी तुर्किस्तान) की बोलियाँ तिरछी गुप्त लिपि में लिखी गई हैं। मध्य एशिया में ईसा की पाँचवीं सदी से खरोष्ठी लिपि का स्थान गुप्त लिपि ले लेती है। बावेर महाशय ने मध्य एशिया के काशगर स्थान से खड़ी गुप्त लिपि में लिखी हुई कई हस्तलिपियाँ प्राप्त की हैं, जो **बावेर हस्तलिपियों** के नाम से प्रसिद्ध हैं।

बौद्धों ने बहुत सारे ग्रंथ लिखे हैं। पर यह सारा साहित्य भारत से लुप्त हो गया है। 'मंजुश्रीमूलकल्प' जैसे एक-दो बौद्ध ग्रंथ ही भारत में मिले हैं। अधिकांश बौद्ध ग्रंथ हमारे पड़ोसी देशों से मिले हैं। बौद्धों के महायान संप्रदाय का साहित्य चीनी व तिब्बती भाषाओं में अनूदित हुआ है। पर मूल ग्रंथ लुप्त थे।

फिर अचानक 1931 ई. में गिलगित (कश्मीर) के समीप के एक प्राचीन बौद्धस्तूप से अनेक हस्तलिपियों की खोज हुई, जो अब **गिलगित हस्तलिपियाँ** कहलाती हैं। महायान (मंत्रयान) संप्रदाय का यह साहित्य

---

* भारतीय सिक्कों की विशेष जानकारी के लिए देखिए मेरी 'भारतीय सिक्कों की कहानी' (शीघ्र प्रकाश्य)

मिश्रित प्राकृत-संस्कृत (गाथा) भाषा में है। गिलगित से प्राप्त ये हस्तलिपियाँ ईसा की छठी सदी की खड़ी गुप्त लिपि में लिखी गई हैं और यह लिपि काशगर से प्राप्त बावेर हस्तलिपियों की लिपि से मिलती-जुलती है। गिलगित हस्तलिपियों के अक्षरों का एक नमूना हम दे रहे हैं (चित्र 15-1)।

गुप्तों के समय में ही महाविदर्भ में **वाकाटकों** का राज्य रहा है। किसी **विंध्यशक्ति** नामक व्यक्ति ने ईसा की तीसरी सदी के उत्तरार्ध में वाकाटक राज्य की नींव डाली थी। प्रवरसेन, रुद्रसेन, पृथ्वीसेन आदि वाकाटक शासकों के नाम हैं। एक वाकाटक शाखा की राजधानी **नंदिवर्धन** (नागपुर से कुछ दूर रामटेक के पास) में थी और दूसरी शाखा की राजधानी **वत्सगुल्म** (वाशीम, अकोला जिला) में थी। चंद्रगुप्त (द्वितीय) ने अपनी पुत्री **प्रभावती गुप्ता** का ब्याह वाकाटक राजा रुद्रसेन (द्वितीय) से कर दिया था। रुद्रसेन के मरने पर अपने नाबालिग बेटों के नाम पर प्रभावती गुप्ता ने ईसा की पाँचवीं सदी के प्रथम चरण में राज भी किया था। पुणे से प्रभावती गुप्ता के ताम्रपत्र मिले हैं, जो ऐतिहासिक दृष्टि से बड़े महत्त्व के सिद्ध हुए हैं।

प्रभावती गुप्ता का पुत्र वाकाटक-शासक **प्रवरसेन द्वितीय** (420-450 ई.) अपने विद्यानुराग के लिए प्रसिद्ध है। उसने **प्रवरपुर** की स्थापना की और नंदिवर्धन से अपनी राजधानी वहाँ ले गया। कहते हैं कि प्रख्यात प्राकृत महाकाव्य **सेतुबंध** की रचना प्रवरसेन ने ही की थी। प्रवरसेन के अनेक ताम्रशासन मिले हैं। हम बता ही चुके हैं कि गुप्त शासकों की तरह वाकाटकों ने भी अपने अभिलेखों में संस्कृत भाषा का इस्तेमाल किया है।

यहाँ हम प्रवरसेन द्वितीय के तिरोड़ी (बालाघाट जिला) से प्राप्त चार ताम्रपत्रों पर खुदे हुए लेख का आरंभिक अंश (चित्र 15-2) तथा इन ताम्रपत्रों की कड़ी पर अंकित मुद्रालेख दे रहे हैं (चित्र 15-3)। इस ताम्रशासन में पेटिकाशीर्ष अक्षरों का इस्तेमाल हुआ है। इस ताम्रशासन का आरंभ **द्रिष्टम्** (दृष्टम्) शब्द से होता है, जिसका अर्थ होता है—'देख लिया'। यह शब्द संभवतः बाद में खोदा जाता था और इस बात का सूचक होता था कि ताम्रशासन राजाज्ञा के अनुरूप है।

ईसा की पाँचवीं सदी के उत्तरार्ध में जब गुप्तों के शासन में शिथिलता आती है, तो उनके कई सामंत अपने-अपने स्वतंत्र राज्य खड़े करने लग जाते हैं। सबसे पहले सौराष्ट्र के 'मैत्रक' कुल के सामंत अपना राज्य खड़ा करते हैं। उनकी राजधानी **वलभी** (आधुनिक 'वळा', भावनगर के पास) थी।

सेनापति भट्टारक, ध्रुवसेन, धरसेन आदि इस मैत्रक कुल के शासक हुए। इनके समय में वलभी एक प्रख्यात विद्याकेंद्र बना। वलभी में अनेक बौद्ध-विहारों की स्थापना हुई। इनमें **आचार्य भदंत स्थिरमति** द्वारा स्थापित विहार अपने **ग्रंथालय** के लिए प्रसिद्ध था। युवान्-च्वाङ् ने वलभी के बारे में अपने यात्रा-ग्रंथ में जानकारी दी है।

वलभी के शासकों के सौ से ऊपर ताम्रशासन मिले हैं, परंतु इनमें ऐतिहासिक जानकारी बहुत कम मिलती है। मैत्रक शासकों के कुछ सामंतों के भी ताम्रशासन मिले हैं। इनमें **गारुलक वंश** के महासामंत **वराहदास** का एक ताम्रशासन कुछ महत्त्व का है। वलभी के शासक ध्रुवसेन (प्रथम) के समय के इस ताम्रशासन में गुप्त-संवत् 230 (ई. 549) का उल्लेख है। इसमें भिक्षुणियों के विहार के लिए दान दी गई भूमि का विवरण है। इस ताम्रशासन की भाषा संस्कृत है और इसके कई अक्षरों के सिरों पर वृत्त हैं। इसमें जिह्वामूलीय तथा उपध्मानीय ध्वनिया क ालए भी चिह्न हैं। यहाँ हम इस ताम्रशासन के कुछ प्रमुख शब्द दे रहे हैं (चित्र 15-4)।

ऊपर हमने उत्तर भारत के छठी सदी तक के प्रमुख लेखों तथा उनकी प्रमुख लिपि-शैलियों की जानकारी दी है। फिर उत्तर भारत की यही ब्राह्मी लिपि कलात्मक **सिद्धमातृका** लिपि को जन्म देती है। अगले प्रकरण में हम इसी लिपि की जानकारी दे रहे हैं। दक्षिण भारत की पल्लव-ग्रंथ लिपि का विवरण हम आगे देंगे।

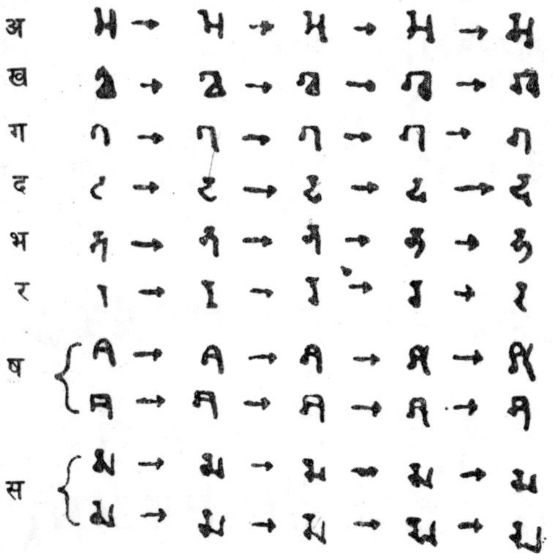

अ

ख

ग

द

भ

र

ष

स

चित्र 13

कलम शैली के कारण उत्तर भारत की ब्राह्मी लिपि के अक्षरों का विकास-क्रम

1

2 (क)

(ख)

3

4

5

चित्र 14

लिप्यंतरण :

1. समुद्रगुप्त की प्रयाग-प्रशस्ति का एक अंश :

महाराजश्रीगुप्तप्रपौत्रस्य महाराजश्रीघटोत्कचपौत्रस्य महाराजाधिराजश्रीचन्द्रगुप्तपुत्रस्य लिच्छविदौहित्रस्य महादेव्यां कुमारदेव्यामुत्पन्नस्य महाराजाधिराज-श्रीसमुद्रगुप्तस्य

2. समुद्रगुप्त के एरण लेख की त्रिकोणशीर्ष तथा पेटिकाशीर्ष शैलियाँ :

(क) **बभूव धनदान्तकतुष्टिकोपतुल्यः**

(ख) **यस्य रिपवश्चरणोर्ज्जितानि**
प्नान्तरेष्वपि विचिन्त्य परित्रसन्ति

3. कुमारगुप्त (प्रथम) के बिलसद स्तंभलेख की एक पंक्ति :

भगवतस्त्रैलोक्यतेजस्संभारसंततताद्भुतमूर्त्तेर्ब्रह्मण्यदेवस्य

4. महरौली (दिल्ली) के लौहस्तंभ पर अंकित लेख के कुछ शब्द :

रिपो, चन्द्रसदृशीं वक्त्रश्रियं, गिरौ

5. कुमारगुप्त के करंडांडा लेख का एक अंश :

पृथिवीषेयो महाराजाधिराज श्रीकुमारगुप्त

6. महाराज लक्ष्मण के दानपत्र के आरंभिक शब्द :

'ओम्' स्वस्ति जयपुरात्परम माहेश्वर :

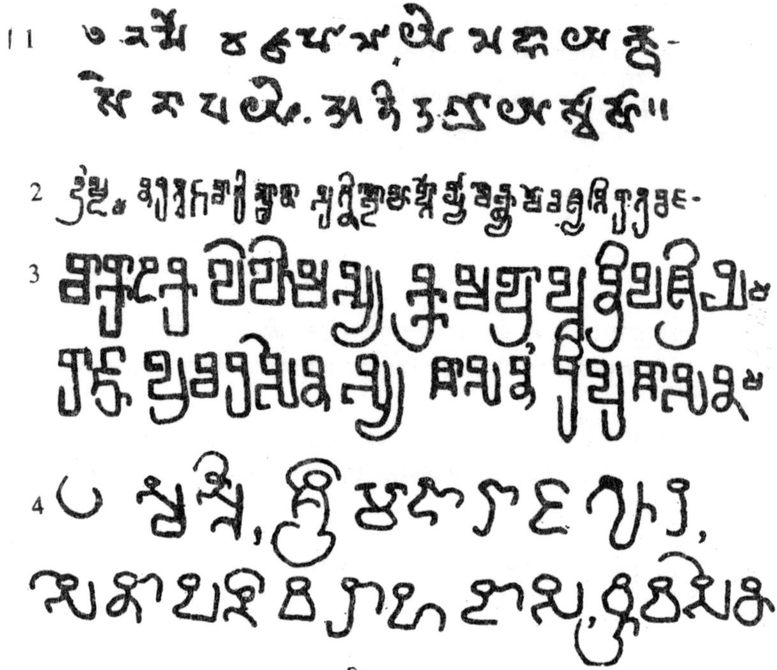

चित्र 15

लिप्यंतरण :

1. गिलगित हस्तलिपियों की खड़ी गुप्त लिपि का एक नमुना :

   ओं नमो वज्रपाणये महायक्ष-
   सेनाप (त) ये. अति उग्राय स्वाहा ।।

2. प्रवरसेन (द्वितीय) के तिरोड़ी ताम्रशासन के आरंभिक शब्द :

   द्रिष्टम् नरत्तंगवारिस्थाना (त्) अग्निष्टोमाप्तोर्य्या-
   मोक्थ्यषोडश्यति रात्रवाज-

3. प्रवरसेन (द्वितीय) के तिरोड़ी दानपत्रों की कड़ी पर अंकित राजमुद्रा का लेख (मूल राजमुद्रा के लेख में चार पंक्तियाँ हैं)।

   वाकाटक ललामस्य क्क्रमप्राप्तन्रिपश्रियम्
   राज्ञ प्रवरसेनस्य शासनं रिपुशासनम्

4. वळा (वलभी) से प्राप्त गारुलक वंश के महासामंत वराहदास के ताम्रशासन के कुछ शब्द :

   ओं स्वस्ति, श्रीमहाराजशूर,
   सेनापति वराहदास, ध्रुवसेन

सिद्धमातृका लिपि

ब्राह्मी लिपि का विकास-क्रम नदी के प्रवाह-जैसा है । लिपि की नई शैली एक निश्चित समय में या निश्चित लेख में एकाएक जन्म नहीं लेती । हमने देखा है कि उत्तर भारत के गुप्तकालीन ब्राह्मी लेख कई शैलियों के हैं । फिर छठी सदी से हम उत्तर भारत के लेखों के अक्षरों में अधिक कलात्मकता देखते हैं । अक्षरों की खड़ी रेखाएँ नीचे की ओर बाईं तरफ मुड़ जाती हैं और स्वरों की मात्राएँ अधिक लंबी, टेढ़ी-मेढ़ी और कलात्मक बनती हैं । छठी से नौवीं सदी तक इस प्रकार की लिपि में लिखे गए उत्तर भारत से अनेक लेख मिलते हैं ।

पुनः नामकरण की समस्या पैदा होती है । चूँकि इस लिपि-शैली के अक्षरों की खड़ी रेखाओं के नीचे छोटे न्यूनकोण बनते हैं, इसलिए कुछ पुरालिपिविदों ने इसे 'न्यूनकोणीय लिपि' का नाम दिया है । कुछ अन्य पुरालिपिविदों ने इस शैली को 'कुटिल लिपि' या 'कुटिलाक्षर' नाम दिया है । 'कुटिलाक्षर' और 'विकटाक्षर' शब्दों के प्रयोग भी मिलते हैं, परंतु इनका प्रयोग कालांतर की शैली के लिए हुआ है । इसलिए प्रस्तुत शैली के लिए 'कुटिल लिपि' नाम भी उचित नहीं जँचता ।

अल्बेरूनी (1030 ई.) अपने ग्रंथ में जानकारी देते हैं कि "कश्मीर, वाराणसी तथा मध्यदेश (कन्नौज के आसपास के प्रदेश) में **सिद्धमातृका लिपि** का व्यवहार होता है और मालवा में **नागर लिपि** का प्रचलन है ।"

इस जानकारी से पता चलता है कि छठी से दसवीं सदी तक की उत्तर भारत की लिपि को 'सिद्धमातृका' कहते थे । इसे संभवतः 'सिद्धम् लिपि' भी कहते थे । यह नाम शायद इसलिए पड़ा है कि इस लिपि की वर्णमाला (बाराखड़ी) की शुरुआत 'ओं नमः सिद्धम्' शब्दों से की जाती थी । जो भी हो, सुविधा के लिए हम 'सिद्धमातृका' नाम ही स्वीकार करते हैं ।

इस लिपि के सिरों पर बहुधा ठोस त्रिकोणशीर्ष (तिकोन) दिखाई देते हैं और कभी-कभी छोटी आड़ी लकीरें भी दिखाई देती हैं । कुषाण व गुप्तकालीन ब्राह्मी लिपि के अक्षरों से शनैः-शनैः इस कलात्मक सिद्धम्

लिपि के अक्षरों का विकास कैसे हुआ है, यह जानने के लिए देखिए नीचे का चित्र ।

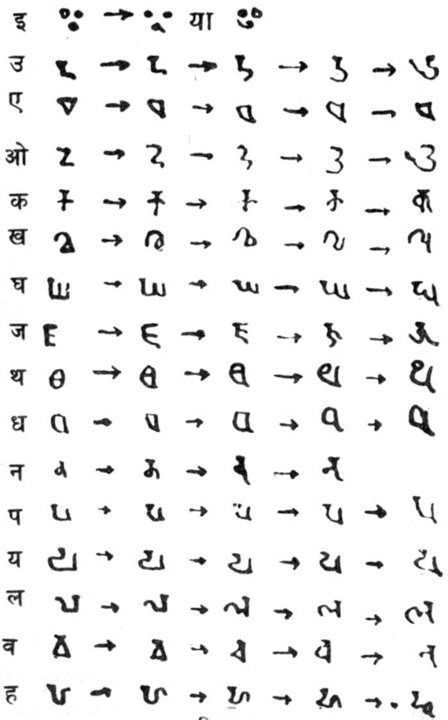

इ

उ

ए

ओ

क

ख

घ

ज

थ

ध

न

प

य

ल

व

ह

चित्र 16

ईसा की आरंभिक छह-सात सदियों में उत्तर भारत में प्रयुक्त ब्राह्मी लिपि के अक्षरों का विकास-क्रम

जापान में होर्युजी विहार नामक एक प्राचीन बौद्ध मंदिर है । इस विहार का निर्माण ईसा की छठी सदी के उत्तरार्ध में हुआ था । बाद में इस विहार की लकड़ी की दीवारों पर पलस्तर लगाकर चित्र भी अंकित किए गए थे, जो अजंठा के चित्रों से काफ़ी साम्य रखते हैं ।

इस होर्युजी विहार में ताड़पत्र पर लिखी हुई **उष्णीषविजयधारणी** नामक एक हस्तलिपि रखी हुई है । जानकारी मिलती है कि यह हस्तलिपि पहले भारत से चीन पहुँची थी । **महास्थविर बोधिधर्म** 520 ई. में इसे भारत से चीन ले गए थे । फिर 609 ई. में यह हस्तलिपि जापान पहुँची ।

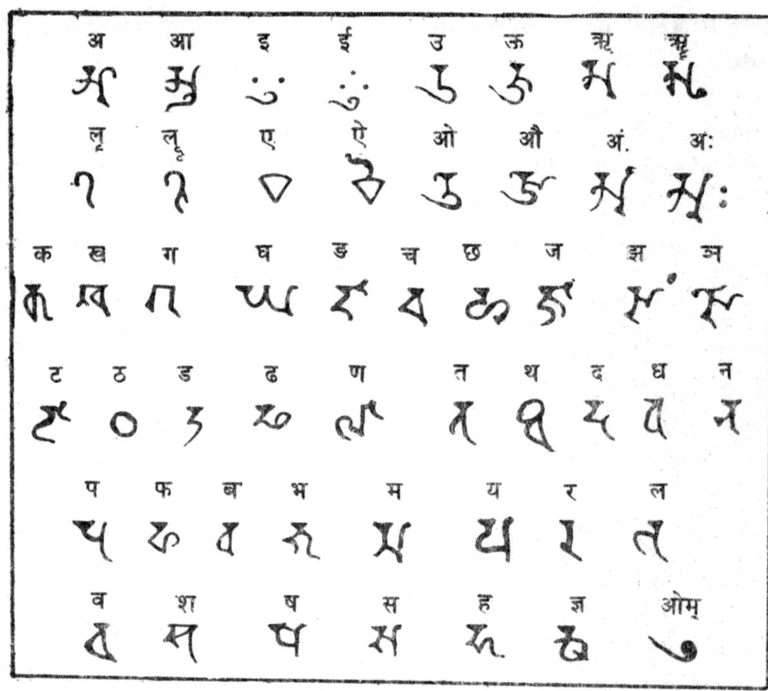

चित्र 17

जापान के होर्युजी विहार में रखी हुई भारतीय पुस्तक 'उष्णीषविजयधारणी' की हस्तलिपि के अंत में दी गई पूर्ण वर्णमाला (लगभग 600 ई.)।

इस हस्तलिपि की सबसे बड़ी विशेषता यह है कि इसके अंत में उस लिपि की पूरी वर्णमाला दी गई है जिस लिपि में यह लिखी गई है (चित्र 17)। हम नहीं जानते कि होर्युजी मंदिर में रखी हुई यह हस्तलिपि मूल है या पुनर्लिखित। पर इसमें जो वर्णमाला दी गई है, वह 600 ई. के आसपास की उत्तर भारत की लिपि की है। इसे हम **सिद्धमातृका लिपि की वर्णमाला** कह सकते हैं। इसमें 'ऋ' तथा 'लृ' की ह्रस्व तथा दीर्घ दोनों ही ध्वनियों के लिए अक्षर हैं।

ईसा की पाँचवीं सदी के अंतिम चरण में भारत पर हूणों के हमले होते हैं। यह गुप्त शासकों की अवनति का काल था। उत्तर भारत के काफ़ी भाग पर हूण **तोरमाण** और उसके पुत्र **मिहिरकुल** का शासन स्थापित हो जाता है। ये हूण शासक अपने को गुप्तों के उत्तराधिकारी समझने लग गए थे। इनके राज्यकाल के सिक्के तथा कुछ लेख भी मिलते हैं।

फिर छठी सदी के मध्यकाल तक उत्तर भारत से इन हूणों का राज्य उठ जाता है। किस शक्तिशाली नरेश ने इनका तख़्ता उलट दिया? किसने इन्हें खदेड़ दिया? युवान्-च्वाङ् अपने यात्रा-विवरण में जानकारी देते हैं कि मगध के 'बालादित्य' ने मिहिरकुल को हराया। लेकिन मगध के इस 'बालादित्य' के बारे में हमें कोई ठोस जानकारी नहीं मिलती।

लेकिन **मंदसौर** (प्राचीन दशपुर, मध्य प्रदेश) से प्राप्त दो लेख हमें जानकारी देते हैं कि औलिकर वंश के राजा **यशोधर्मन्** (विष्णुवर्धन्) ने मिहिरकुल को मालव प्रदेश से खदेड़ दिया था। मिहिरकुल ने यशोधर्मन् के चरण पूजे (चूडापुष्पोपहारैर्म्मिहिरकुलनृपेणार्च्चितं पादयुग्मम्)। यह भी जानकारी मिलती है कि लौहित्य (ब्रह्मपुत्र) से महेंद्रगिरि (उड़ीसा) और हिमालय से पश्चिमी सागर तक के राजा यशोधर्मन् की अभ्यर्थना करते थे।

लेख के इस कथन में शायद कुछ अतिशयोक्ति हो, परंतु इतना निश्चित है कि यशोधर्मन् ने हूणों को मालव प्रदेश से खदेड़ दिया था। यशोधर्मन् के बारे में अन्यत्र हमें कोई जानकारी नहीं मिलती। मंदसौर से प्राप्त सिर्फ दो लेखों में ही इस शक्तिशाली शासक के बारे में हमें जानकारी मिलती है। इनमें से एक लेख है मंदसौर के एक कुएँ से प्राप्त प्रस्तर-लेख और दूसरा है मंदसौर के समीप पड़े हुए एक स्तंभ पर उत्कीर्ण लेख। इस दूसरे लेख की एक अन्य प्रति भी मिली है। पहला प्रस्तर-लेख 532 ई. का है। स्तंभलेख भी लगभग उसी समय का है, क्योंकि दोनों ही लेखों के अंत में उत्कीर्ण करनेवाले का नाम **गोविंद** बताया गया है (**उत्कीर्णा प्रशस्तिर्गोविन्देन**)। स्तंभलेख में प्रशस्ति के रचयिता कवि **वासुल** का नाम दिया गया है।

मंदसौर से प्राप्त सिर्फ इन्हीं दो लेखों में यशोधर्मन के बारे में जानकारी मिलती है, इसलिए भारतीय इतिहास में इन लेखों का महत्त्व स्पष्ट है। यशोधर्मन् के वंशजों के बारे में हमें कोई जानकारी नहीं मिलती। यहाँ हम यशोधर्मन् के **मंदसौर स्तंभलेख** का एक नमूना दे रहे हैं (चित्र 18-1)। यह वह अंश है जिसमें उसके राज्य की सीमाएँ बतलाई गई हैं। इसमें देखिए 'पश्चिमादापयोधे' शब्द के प्रथम 'प' अक्षर के ऊपर **उपध्मानीय** का चिह्न, क्योंकि इसके पहले के 'शिखरिणः' शब्द के अंत में विसर्ग है। इस विसर्ग का लोप करके आगे के 'प' अक्षर पर उपध्मानीय का चिह्न चढ़ा दिया गया है। पाठक देखेंगे कि इस लेख के अक्षर स्पष्ट एवं सुंदर हैं।

कन्नौज के मौखरी शासकों के लेख भी इसी लिपि में हैं। इसी सुंदर लिपि में लिखा हुआ **बुद्धगया** से **महानाम** नामक एक व्यक्ति का लेख मिला है। ये

थेर महानाम श्रीलंका के थे। श्रीलंका के धन से बुद्धगया में एक तीन मंजिले निवास का निर्माण हुआ था और एक बहुमूल्य बुद्ध-मूर्ति की स्थापना हुई थी। इसी की जानकारी लेख में दी गई है। इस लेख के थेर महानाम और प्रसिद्ध इतिहास-ग्रंथ 'महावंस' के लेखक महानाम संभवतः एक ही व्यक्ति थे। बुद्धगया के इस संस्कृत लेख में एक अज्ञात संवत् 269 का उल्लेख है। यदि यह गुप्तसंवत् हैं, तो इस लेख का समय 588-89 ई. निश्चित होता है।

थानेश्वर-कन्नौज के शासक **हर्षवर्धन** के नाम से सभी परिचित हैं। पिता प्रभाकरवर्धन की मृत्यु और बड़े भाई राज्यवर्धन की हत्या के बाद 606 ई. में हर्ष थानेश्वर की गद्दी पर बैठा था। उसकी बहन राज्यश्री कन्नौज के मौखरी राजा को ब्याही थी। लेकिन जब अल्पायु में राज्यश्री विधवा हो गई, तो हर्ष को कन्नौज का राज्य भी सँभालना पड़ा।

माना जाता है कि हर्ष ने 606 ई. से एक नया संवत्—**हर्ष-संवत्**—चलाया था। परंतु ऐसा कोई लेख नहीं मिलता जिसमें संवत् के पहले हर्ष का नाम पाया जाता हो। स्वयं हर्ष के **बंसखेड़ा** और **मधुबन** से प्राप्त दानपत्रों में 'संवत्' शब्द के बाद उसके शासन-वर्षों का उल्लेख है।

हर्ष धार्मिक दृष्टि से सहिष्णु और विद्यानुरागी शासक था। उसे कुछ संस्कृत नाटकों का रचयिता माना जाता है। उसके दरबारी कवि **बाणभट्ट** ने अपने 'हर्षचरित' में उसके आरंभिक जीवन के बारे में कुछ जानकारी दी है। हर्ष के समय में ही प्रख्यात चीनी यात्री **युवान्-च्वाङ्** भारत पहुँचा था और हर्ष से उसकी भेंट हुई थी।

चालुक्य-नरेश **पुलकेशिन्** (द्वितीय) की **ऐहोले-प्रशस्ति** से हमें जानकारी मिलती है कि पुलकेशिन् ने हर्ष को हराया था। किंतु हर्ष के किसी लेख में उसकी इस पराजय के बारे में जानकारी नहीं है। इससे स्पष्ट है कि केवल एक ही शासक की प्रशस्तियों पर यकीन करके उसका इतिहास नहीं लिखा जा सकता।

यहाँ हम **बंसखेड़ा** (शाहजहाँपुर जिला) से प्राप्त हर्ष के दानपत्र का अंश नमूने के रूप में दे रहे हैं (चित्र 18-2)। यह दानपत्र (हर्ष) संवत् 22, अर्थात् 628 ई. का है। दानपत्र के आरंभिक अंश में हर्ष के पूर्वजों के नाम हैं। यह दानपत्र वर्धमानकोटी के **जयस्कंधावार** (सैनिक कैंप) से दिया गया है और सम्राट द्वारा राज्य के अधिकारियों-सेवकों (कुमारामात्य-उपरिक-विषयपति-भट-चाट) को संबोधित करके लिखा गया है।

इस दानपत्र में भारद्वाज गोत्र के दो ब्राह्मणों को **अहिच्छत्राभुक्ति** (बरेली जिला) के अंगदीय **विषय** के पश्चिमी **पथक** के मर्कटसागर गाँव का दान दिए जाने का उल्लेख है। अंत में **दूतक** महाप्रमातार-महासामंत

स्कंदगुप्त का उल्लेख है। यह 'दूतक' शब्द अनेक लेखों में देखने को मिलता है। **दूत या दूतक** राजाज्ञा को विज्ञापित करनेवाला राज्य का कोई बड़ा अधिकारी होता था। दानपत्र खोदनेवाले का नाम **ईश्वर** दिया गया है। यशोधर्मन् के लेखों को खोदनेवाले गोविंद की तरह इस बंसखेड़ा ताम्रपत्र को खोदनेवाला ईश्वर भी सुलेखन का विशेषज्ञ सिद्ध होता है।

लेकिन लगता है कि स्वयं हर्ष उनसे भी बड़ा सुलेखनाचार्य था। क्योंकि इस बंसखेड़ा ताम्रपत्र के अंत में उसके सुंदर हस्ताक्षर खोदे गए हैं—**स्वहस्तो मम महाराजाधिराज श्रीहर्षस्य** (चित्र 18-3)। असंभव नहीं कि हर्ष अपनी सभी राजाज्ञाओं में इसी प्रकार के हस्ताक्षर करता हो। काँचीपुरम् के कैलाशनाथ मंदिर में उत्कीर्ण कुछ विरुद भी ऐसी ही कलात्मक लिपि में हैं।

ईसा की दसवीं सदी से उत्तर भारत में नागरी लिपि के लेख मिलने लग जाते हैं। पर दक्षिण भारत से इस लिपि (नंदिनागरी) के लेख करीब दो सदी पहले मिलते हैं।

त्व ह स्तो म म म हा रा जा धि रा ज श्री ह र्ष स्य

चित्र : 18

लिप्यंतरण :

1. यशोधर्मन् के मंदसौर स्तंभलेख का एक अंश :

आ लौहित्योपकण्ठात्तलवनगहनोपत्यकादामहेन्द्रा-
दा गङ्गाश्लिष्टसानोस्तुहिनशिखरिण (:) पश्चिमादा
पयोधेः ।

2. हर्षवर्धन के बंसखेड़ा ताम्रपत्र का अंश :

महाराजाधिराज श्रीप्रभाकरवर्धनस्तस्य पुत्रस्तत्पादानु-
ध्यातः
श्रीयशोमत्यामुत्पन्न (:) परमसौगतः सुगत इव परहितै-
करतः

3. बंसखेड़ा ताम्रपत्र के अंत में उत्कीर्ण हर्षवर्धन के हस्ताक्षर

नागरी लिपि

जिस लिपि में यह पुस्तक छपी है, उसे हम **नागरी** या **देवनागरी** लिपि कहते हैं। करीब दो सदी पहले पहली बार इस लिपि के टाइप बने और इसमें पुस्तकें छपने लगीं, इसलिए इसके अक्षरों में स्थिरता आ गई है।

हिंदी तथा इसकी विविध बोलियाँ देवनागरी लिपि में लिखी जाती हैं। हमारे पड़ोसी देश नेपाल की **नेपाली (खसकुरा)** व **नेवारी** भाषाएँ भी इसी लिपि में लिखी जाती हैं। **मराठी भाषा की लिपि** देवनागरी है। मराठी में सिर्फ एक अतिरिक्त ळ अक्षर है। हमने देखा है कि प्राचीन काल में संस्कृत व प्राकृत भाषाओं में यह ध्वनि थी और इसके लिए अनेक अभिलेखों में अक्षर मिलता है।

देवनागरी लिपि के बारे में एक और महत्त्वपूर्ण तथ्य यह है कि संसार में जहाँ भी संस्कृत-प्राकृत की पुस्तकें प्रकाशित होती हैं, वे प्रायः देवनागरी लिपि में ही छपती हैं। वैसे, विदेशों के कुछ पंडित, और उनका अनुकरण करते हुए कुछ भारतीय पंडित भी, ऊपर-नीचे कुछ चिह्न जोड़े हुए रोमन अक्षरों में भी संस्कृत-प्राकृत के उद्धरण एवं ग्रंथ छपवाते हैं।

गुजराती लिपि देवनागरी से अधिक भिन्न नहीं है। बंगला लिपि प्राचीन नागरी लिपि की पुत्री नहीं, तो बहन अवश्य है। हाँ, दक्षिण भारत की लिपियाँ वर्तमान नागरी से काफ़ी भिन्न दिखाई देती हैं। लेकिन यह तथ्य हमें सदैव स्मरण रखना चाहिए कि, आज कुछ भिन्न-सी दिखाई देनेवाली दक्षिण भारत की ये लिपियाँ (तमिल-मलयालम और तेलुगु-कन्नड़) भी नागरी की तरह प्राचीन ब्राह्मी से ही विकसित हुई हैं।

अभी कुछ समय पहले तक दक्षिण भारत में पोथियाँ लिखने के लिए नागरी लिपि का व्यवहार होता था। दरअसल, नागरी लिपि के आरंभिक लेख हमें दक्षिण भारत से ही मिले हैं। दक्षिण भारत की यह नागरी लिपि **नंदिनागरी** कहलाती थी। कोंकण के शिलाहार, मान्यखेट के राष्ट्रकूट, देवगिरि के यादव तथा विजयनगर के शासकों के लेख नंदिनागरी लिपि में हैं। पहले-पहल विजयनगर के राजाओं के लेखों की लिपि को ही **नंदिनागरी** नाम दिया गया था।

दक्षिण भारत में तमिल-मलयालम और तेलुगु-कन्नड़ लिपियों का स्वतंत्र विकास हो रहा था। फिर भी दक्षिण भारत में अनेक शासकों ने नागरी लिपि का इस्तेमाल किया है। राजराज व राजेंद्र जैसे प्रतापी चोड़ राजाओं (ग्यारहवीं सदी) के सिक्कों पर नागरी अक्षर देखने को मिलते हैं। बारहवीं सदी के केरल के शासकों के सिक्कों पर 'वीरकेरलस्य' जैसे शब्द नागरी लिपि में अंकित हैं। सुदूर दक्षिण से प्रांप्त वरगुण का पलियम ताम्रपत्र (9वीं सदी) नागरी लिपि में है। इतना ही नहीं, श्रीलंका के पराक्रमबाहु, विजयबाहु (बारहवीं सदी) आदि शासकों के सिक्कों पर भी नागरी अक्षर देखने को मिलते हैं।

दूसरी ओर, उत्तर भारत में अल्पकाल के लिए इस्लामी शासन की नींव डालनेवाले महमूद गज़नवी (ग्यारहवीं सदी, पूर्वार्द्ध) के लाहौर की टकसाल में ढाले गए चाँदी के सिक्कों पर भी हम नागरी लिपि के शब्द देखते हैं। इन सिक्कों पर एक तरफ कुफ़ी लिपि में कलमा अंकित है, तो दूसरी तरफ नागरी लिपि में अंकित है : **अव्यक्तमेकं मुहम्मद अवतार नृपति महमूद**। ये सिक्के 1028 ई. में शुरू किए गए थे। स्मरण रहे कि लगभग इसी समय के दक्षिण के चोड़ राजाओं के सिक्कों पर भी नागरी लिपि में लिखे गए शब्द देखने को मिलते हैं।

महमूद गज़नवी के बाद के मुहम्मद गोरी, अलाउद्दीन खिलजी, शेरशाह आदि शासकों ने भी अपने सिक्कों पर नागरी शब्द खुदवाए हैं। बादशाह अकबर ने एक ऐसा सिक्का चलाया था जिस पर राम-सीता की आकृति है और नागरी में 'रामसीय' शब्द अंकित है।

उत्तर भारत में मेवाड़ के गुहिल, सांभर-अजमेर के चौहान, कन्नौज के गाहड़वाल, काठियावाड़-गुजरात के सोलंकी, आबू के परमार, जेजाकभुक्ति (बुंदेलखंड) के चंदेल तथा त्रिपुरा के कलचुरि शासकों के लेख नागरी लिपि में ही हैं। उत्तर भारत की इस नागरी लिपि को हम **देवनागरी** के नाम से जानते हैं।

उपर्युक्त जानकारी से यह स्पष्ट हो जाता है कि ईसा की आठवीं-नौवीं सदी से नागरी लिपि का प्रचलन सारे देश में था। यह एक सार्वदेशिक लिपि थी। इसीलिए इस लिपि का विवेचन हम प्रादेशिक लिपियों (देखिए, अगला प्रकरण) के अंतर्गत न करके स्वतंत्र रूप से कर रहे हैं।

हमने देखा है कि गुप्त काल की ब्राह्मी लिपि तथा बाद की सिद्धम् लिपि के अक्षरों के सिरों पर छोटी आड़ी लकीरें या छोटे ठोस तिकोन हैं। लेकिन नागरी लिपि की मुख्य पहचान यह है कि, इसके अक्षरों के सिरों पर पूरी लकीरें बन जाती हैं और ये शिरोरेखाएँ उतनी ही लंबी रहती हैं, जितनी कि

अक्षरों की चौड़ाई होती है। हाँ, कुछ लेखों के अक्षरों के सिरों पर अब भी कहीं-कहीं तिकोन दिखाई देते हैं। दूसरी स्पष्ट विशेषता यह है कि इस प्राचीन नागरी के अक्षर आधुनिक नागरी से मिलते-जुलते हैं और इन्हें आसानी से, थोड़े अभ्यास के बाद, पढ़ा जा सकता है।

हम बता चुके हैं कि दक्षिण भारत से नागरी (नंदिनागरी) लिपि के लेख आठवीं सदी से मिलने लग जाते हैं और उत्तर भारत से नौवीं सदी से। लेकिन हम यह नहीं कह सकते कि अमुक निश्चित समय से ही नागरी लिपि की शुरुआत होती है। नागरी-जैसे अक्षर कुछ पुराने लेखों में दिखाई देते हैं और पुरानी शैली के कुछ अक्षर नागरी लेखों में भी दिखाई देते हैं।

अब हमें देखना है कि इस नई लिपि को नागरी, देवनागरी या नंदिनागरी क्यों कहते हैं।

नागरी नाम की उत्पत्ति तथा इसके अर्थ के बारे में विद्वानों में बड़ा मतभेद है। एक मत के अनुसार, गुजरात के नागर ब्राह्मणों ने पहले-पहल इस लिपि का इस्तेमाल किया, इसलिए इसका नाम नागरी पड़ा। इस मत को स्वीकार करने में अनेक अड़चनें हैं। एक अन्य मत के अनुसार, बाकी नगर सिर्फ नगर हैं, परंतु काशी देवनगरी है, इसलिए काशी में प्रयुक्त लिपि का नाम देवनागरी पड़ा। स्पष्टतः यह एक संकुचित मत है।

अल्बेरूनी ने अपने ग्रंथ (1030 ई.) में लिखा है कि मालवा में नागर लिपि का इस्तेमाल होता है। अतः यह स्पष्ट है कि 1000 ई. के आसपास **नागर** या **नागरी** नाम अस्तित्व में आ चुका था। दरअसल, यह शब्द और भी कुछ पहले अस्तित्व में आ चुका था।

इतना निश्चित है कि यह नागरी शब्द किसी नगर अर्थात् बड़े शहर से संबंधित है। 'पादताडितकम्' नामक एक नाटक से जानकारी मिलती है कि पाटलिपुत्र (पटना) को **नगर** कहते थे। हम यह भी जानते हैं कि स्थापत्य की उत्तर भारत की एक विशेष शैली को 'नागर शैली' कहते हैं। अतः 'नागर' या 'नागरी' शब्द उत्तर भारत के किसी बड़े नगर से संबंध रखता है। असंभव नहीं कि यह बड़ा नगर प्राचीन पटना ही हो। चंद्रगुप्त (द्वितीय) 'विक्रमादित्य' का व्यक्तिगत नाम 'देव' था, इसलिए गुप्तों की राजधानी पटना को 'देवनगर' भी कहा जाता होगा। देवनगर की लिपि होने से उत्तर भारत की प्रमुख लिपि को बाद में देवनागरी नाम दिया गया होगा। लेकिन यह सिर्फ एक मत हुआ। हम सप्रमाण नहीं बता सकते कि यह देवनागरी नाम कैसे अस्तित्व में आया।

ईसा की चौदहवीं-पंद्रहवीं सदी के विजयनगर के शासकों ने अपने लेखों की लिपि को **नंदिनागरी** कहा है। विजयनगर के राजाओं के लेख कन्नड़-तेलुगु

और नागरी लिपि में मिलते हैं। जानकारी मिलती है कि विजयनगर के राजाओं के शासनकाल में ही पहले-पहल वेदों को लिपिबद्ध किया गया था। यह वैदिक साहित्य निश्चय ही नागरी लिपि में लिखा गया होगा। विद्वानों का यह भी मत है कि वाकाटकों और राष्ट्रकूटों के समय के महाराष्ट्र के प्रसिद्ध नंदिनगर (आधुनिक नांदेड़) की लिपि होने के कारण इसका नाम नंदिनागरी पड़ा।

लेकिन हमें नामकरण के इस झंझट में अधिक नहीं पड़ना चाहिए। यह किसी नगर-विशेष की लिपि नहीं थी। क्योंकि ईसा की 8वीं-11वीं सदियों में हम नागरी लिपि को पूरे देश में व्याप्त देखते हैं। उस समय यह एक सार्वदेशिक लिपि थी।

देशभर से नागरी लिपि के बहुत सारे लेख मिले हैं। इस नागरी लिपि के उदय के साथ भारतीय इतिहास व संस्कृति के एक नए युग की शुरुआत होती है। भारत इस्लाम के संपर्क में आता है और बाद में, 13वीं सदी से, इस्लामी शासकों का शासन आरंभ होता है। नए संप्रदाय अस्तित्व में आते हैं। भारतीय समाज एवं बहुत-से संप्रदायों को एक व्यापक नाम मिलता है—हिंदू समाज एवं हिंदू धर्म।

नागरी लिपि के साथ-साथ अनेक प्रादेशिक भाषाएँ भी जन्म लेती हैं। आठवीं-नौवीं सदी से आरंभिक हिंदी का साहित्य मिलने लग जाता है। हिंदी के आदिकवि **सरहपाद** (आठवीं सदी) के 'दोहाकोश' की तिब्बत से जो हस्तलिपि मिली है वह दसवीं-ग्यारहवीं सदी की लिपि में लिखी गई है। नेपाल से और भारत के जैन-भंडारों से भी इस काल की बहुत सारी हस्तलिपियाँ मिली हैं। इसी काल में भारतीय आर्यभाषा-परिवार की आधुनिक भाषाएँ—मराठी, बंगला आदि भाषाएँ—भी जन्म ले रही थीं। इस समय से इन भाषाओं के लेख भी मिलने लग जाते हैं।

दक्षिण भारत की द्रविड भाषा-परिवार की भाषाएँ, विशेषतः तमिल भाषा, अधिक प्राचीन हैं। लेकिन इन भाषाओं के लेख भी इसी समय से मिलने लग जाते हैं। इन भाषाओं के लिए दक्षिण भारत में विकसित ब्राह्मी लिपि का कुछ स्वतंत्र विकास हो रहा था; परंतु दक्षिण भारत में नागरी लिपि का भी खूब व्यवहार था। दरअसल, नागरी के आरंभिक लेख हमें विंध्य पर्वत के नीचे के दक्खन प्रदेश से ही मिलते हैं।

अनेक विद्वानों का मत है कि दक्षिण भारत में नागरी लिपि का प्राचीनतम लेख राष्ट्रकूट राजा दंतिदुर्ग का सामांगड दानपत्र (754 ई.) है। दंतिदुर्ग ने ही राष्ट्रकूट शासन की नींव डाली थी। ये राष्ट्रकूट शासक मूलतः कर्णाटक के रहनेवाले थे और इनकी मातृभाषा कन्नड़ थी; परंतु ये खानदेश-विदर्भ में बस गए थे। दंतिदुर्ग के बाद उसका चाचा कृष्ण (प्रथम)

राष्ट्रकूटों की गद्दी पर बैठा। इसी कृष्ण के शासनकाल में एलोरा (प्राचीन एलापुर, वेरूल) में अनुपम कैलाश मंदिर पहाड़ को काटकर बनाया गया था। कृष्ण के कुछ लेख भी मिले हैं। नौवीं सदी में अमोघवर्ष एक प्रख्यात राष्ट्रकूट राजा हुआ। इसी अमोघवर्ष ने राष्ट्रकूटों की नई राजधानी मान्यखेट (मालखेड) की नींव डाली। अमोघवर्ष के शासनकाल में ही जैन गणितज्ञ **महावीराचार्य** (850 ई.) ने अपने 'गणितसार-संग्रह' की रचना की थी।

ईसा की आठवीं सदी में पश्चिम महाराष्ट्र के कोंकण प्रदेश में शिलाहारों का राज्य स्थापित हो गया था। ग्यारहवीं सदी में इनकी एक शाखा का राज्य कोल्हापुर-सातारा प्रदेश में भी स्थापित हो गया था। इन शिलाहारों के अनेक नागरी लेख मिले हैं। यहाँ हम कोल्हापुर के शिलाहार शासक **गंडरादित्य** (बारहवीं सदी, पूर्वार्ध) के एक दानपत्र (1126 ई.) की नागरी लिपि का नमूना दे रहे हैं (चित्र 19-4)। इसमें देखिए कुछ विशेष 'इ' अक्षर।

ग्यारहवीं सदी से नागरी लिपि में प्राचीन मराठी भाषा के लेख मिलने लग जाते हैं। अक्षी (कुलाबा जिला) से शिलाहार शासक केशिदेव (प्रथम) का एक शिलालेख (1012 ई.) मिला है, जो संस्कृत-मराठी भाषाओं में है और इसकी लिपि नागरी है। परंतु दिवें-आगर (रत्नागिरी जिला) ताम्रपट पूर्णतः मराठी में है। इसे मराठी का आद्यलेख माना जाता है। नागरी लिपि में लिखा गया यह ताम्रपट 1060 ई. का है। यहाँ हम इस ताम्रपट की अंतिम पंक्ति दे रहे हैं (चित्र 20-2)। इसमें 'ए' की मात्रा व्यंजनाक्षर के ऊपर है और बाईं ओर अक्षर के बराबर भी है।

कर्णाटक प्रदेश का श्रवणबेलगोल स्थान जैनों का एक प्रसिद्ध तीर्थस्थल है। यहाँ गोमटेश्वर का भव्य पुतला खड़ा है। इस स्थान से विविध भाषाओं और लिपियों के अनेक लेख मिले हैं। नागरी लिपि में मराठी के भी संक्षिप्त लेख मिले हैं। यहाँ हम एक लेख का नमूना दे रहे हैं (चित्र 20-3)। यह है—**श्रीगंगराजे सुत्ताले करवियले** (श्रीगंगराजा ने परकोटा बनवाया)। एक अन्य नागरी लेख में लिखा है—श्री चावुण्डराजें करविय लें। ये लेख दक्षिणी शैली की नागरी लिपि में हैं।

देवगिरि के यादव राजाओं के नागरी लिपि में बहुत सारे लेख मिले हैं। यहाँ हम यादव राजा रामचंद्र (13वीं सदी) के थाना ताम्रपत्र का एक अंश दे रहे हैं (चित्र 20-5)। इसमें 'ए' और 'ओ' की मात्राएँ अक्षरों की बाईं ओर हैं। विजयनगर राजाओं के भी अनेक नागरी लेख मिले हैं। हम बता ही चुके हैं कि विजयनगर राजाओं की यह नागरी लिपि 'नंदिनागरी' कहलाती थी।

इनके अलावा कल्याण के पश्चिमी चालुक्य नरेशों के लेख भी नागरी लिपि में हैं। यहाँ हम चालुक्य नरेश विक्रमादित्य (छठे) के एक लेख (बारहवीं सदी) का नमूना दे रहे हैं (चित्र 20-4)।

उड़ीसा (कलिंग प्रदेश) में ब्राह्मी की एक विशेष शैली—कलिंग लिपि—का अस्तित्व था, परंतु गंगवंश के कुछ शासकों के लेख नागरी लिपि में भी मिलते हैं। यहाँ हम गंगवंश के राजा वज्रहस्त (तृतीय) के गंजाम दानपत्र (1068 ई.) का एक अंश दे रहे हैं (चित्र 19-3)।

नागरी लिपि के लेख न केवल पश्चिम तथा पूर्व भारत से बल्कि सुदूर दक्षिण भारत से भी मिले हैं। दक्षिण भारत के पांड्य-प्रदेश से राजा वरगुण के पलियम ताम्रपत्र मिले हैं। प्रथम ताम्रपत्र तमिल से शुरू होता है, परंतु इसकी दूसरी ओर से नागरी लिपि (संस्कृत भाषा) का लेख शुरू होता है (चित्र 20-1)। यह ताम्रशासन ईसा की नौवीं सदी का है।

इस प्रकार हम देखते हैं ईसा की 9वीं-11वीं सदियों में सुदूर दक्षिण भारत में भी नागरी लिपि का प्रचलन था। हम बता ही चुके हैं कि उस समय के श्रीलंका, केरल तथा चोड़ नरेशों के सिक्कों पर नागरी लिपि के शब्द देखने को मिलते हैं (चित्र 20-6)।

उत्तर भारत में पहले-पहल गुर्जर-प्रतीहार राजाओं के लेखों में नागरी लिपि देखने को मिलती है। अनेक विद्वानों का मत है कि ये गुर्जर-प्रतीहार बाहर से भारत में आए थे। ईसा की आठवीं सदी के पूर्वार्द्ध में अवंती प्रदेश में इन्होंने अपना शासन खड़ा किया और बाद में कन्नौज पर भी अधिकार कर लिया था। मिहिर भोज, महेंद्रपाल आदि प्रख्यात प्रतीहार शासक हुए। मिहिर भोज (840-81 ई.) की ग्वालियर प्रशस्ति नागरी लिपि (संस्कृत भाषा) में है। भोज के पुत्र महेंद्रपाल (प्रथम) के एक दानपत्र का नमूना हम यहाँ दे रहे हैं (चित्र 19-1)।

धारा नगरी का परमार शासक भोज अपने विद्यानुराग के लिए इतिहास में प्रसिद्ध है। परंतु इस शासक के बहुत कम अभिलेख मिले हैं। इस राजा के बंसवाड़ा और बेतमा दानपत्र क्रमशः 'कोंकणविजय' तथा 'कोंकणविजयपर्व' के अवसरों पर दिए गए थे। बेतमा (इंदौर के समीप) दानपत्र 1020 ई. का है। यहाँ हम इस दानपत्र का एक अंश दे रहे हैं (चित्र 19-2)।

ऊपर हमने उन्हीं आरंभिक नागरी लेखों की संक्षिप्त चर्चा की है जो देश के विभिन्न भागों से मिले हैं। 12वीं सदी के बाद हम उत्तर भारत के सभी हिंदू शासकों को देवनागरी लिपि का इस्तेमाल करते हुए देखते हैं। हमने यह भी देखा है कि कुछ इस्लामी शासकों ने भी अपने सिक्कों पर नागरी लेख अंकित किए हैं।

अब हम प्रादेशिक लिपियों के बारे में जानकारी प्राप्त करेंगे।

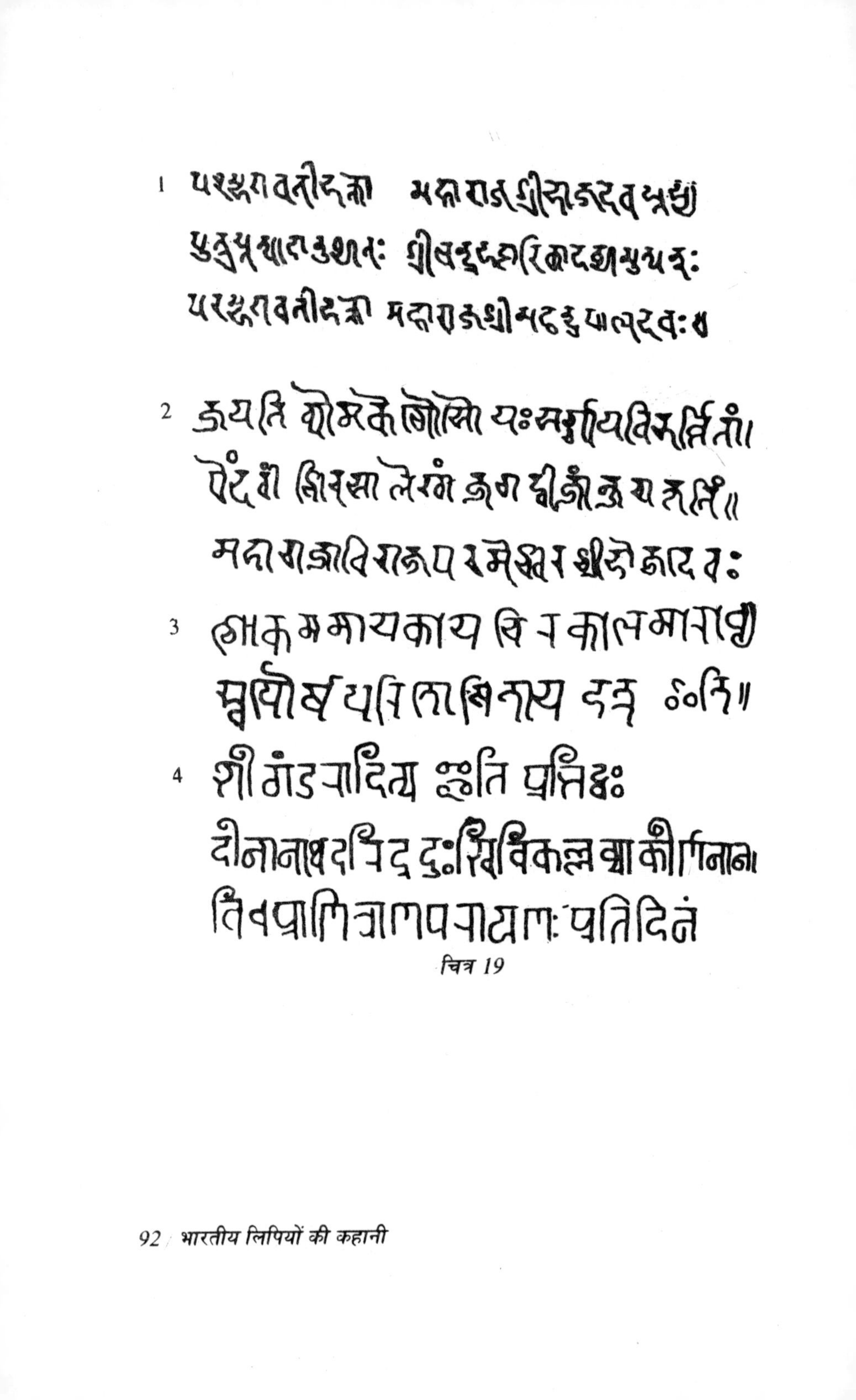

चित्र 19

लिप्यंतरण :

1. प्रतीहार राजा महेंद्रपाल (प्रथम) के दानपत्र का एक अंश :

परम्भगवतीभक्तो महाराजश्रीभोजदेवस्तस्य
पुत्रस्तत्पादानुध्यातः श्रीचन्द्रभट्टारिकादेव्यामुत्पन्नः
परम्भगवतीभक्तो महाराजश्रीमहेन्द्रपालदेवः ।।

2. परमार राजा भोज के बेतमा दानपत्र (1020 ई.) का एक अंश :

जयति व्योमकेशोऽसौ यः सर्गाय बिभर्त्ति तां ।
ऐंदवीं शिरसा लेखां जगद्बीजाङ्कुराकृति ।।
महाराजाधिराजपरमेश्वरश्रीभोजदेवः

3. गंगवंश के राजा वज्रहस्त (तृतीय) के गंजाम दानपत्र (1068 ई.) की अंतिम पंक्ति :

गोकननायकाय च्चिरकालमाराध्य
स्वपौर्षपरितोषिताय दत्त इति ।।

4. कोल्हापुर के शिलाहार शासक गंडरादित्य के ताम्रशासन (1126 ई.) का एक अंश :

श्रीगंडरादित्य इति प्रसिद्धः
दीनानाथदरिद्रद्ः खिविकल्लव्याकीर्णनाना-
विधप्राणित्राणपरायणः प्रतिदिनं

1

2

3

4 दशशतयत्र अष्टत्याविकसकु १००८ संवत्सरे

5 अत्र पापाविपतिश्री यदूनां वंशः प्रतीतः भुवनत्रयपि।

6

चित्र 20

लिप्यंतरण :

1. राजा वरगुण के पलियम दानपत्र (9वीं सदी) का एक अंश :
   यस्यास्तोदयहिम्यशैलमलयाः सैन्येभदन्तावलीटङ्क-
   क्षुण्णतटा भवन्ति विजयस्तम्भा जगन्निर्ज्जये ।।

2. दिवें-आगर (रत्नागिरी जिले) से प्राप्त मराठी भाषा के प्राचीनतम ताम्रपट (1060 ई.) की अंतिम पंक्ति :

   य देवलु हे जाणति । जें
   सुवर्ण्ण लिहलें तें कांठेअः समेतः ।।

3. श्रवणबेलगोल के गोमटेश्वर के पुतले के पैरों के पास खुदा हुआ एक लेख (1117 ई.), जिसकी भाषा मराठी है :

   श्रीगंराजे सुत्ताले
   करवियले

4. कल्याण के पश्चिमी चालुक्य नरेश विक्रमादित्य (छठे) के समय (12वीं सदी) के एक लेख का अंश :

   दशशतयत्र अष्टत्यधिकसकु 1008 प्रभवसंवत्सरे

5. देवगिरि के यादव राजा रामचंद्र (13वीं सदी) के थाना ताम्रपत्र का एक अंश :

   आस्ते पयोधिप्रतिमो यदुनां वंशः प्रतीतो भुवनत्रयेपि ।

6. चोड़-नरेश राजेंद्र का सिक्का, जिस पर नागरी में 'श्रीराजेंद्र' शब्द अंकित है ।

प्रादेशिक लिपियाँ

हमने ईसा पूर्व तीसरी सदी से लगभग 1000 ई. तक के ब्राह्मी लिपि के विकासक्रम की जानकारी प्राप्त की है । इन तेरह सदियों में इस लिपि का काफ़ी विकास हुआ और कई प्रादेशिक शैलियाँ भी अस्तित्व में आईं ।

ब्राह्मी लिपि के इस विकास के कई कारण हैं । एक, लेखन-सामग्री की विविधता के कारण लिपि का विकास हुआ । दो, अक्षरों को कलात्मक बनाने की प्रवृत्ति के कारण लिपि का बिकास हुआ । तीन, अक्षरों को तेजी से तथा जोड़ते हुए लिखने के कारण भी लिपि का विकास हुआ ।

लेकिन लगभग 1000 ई. से लिपि के विकास में प्रादेशिक भाषाएँ भी योग देने लगीं । हमने देखा है कि 1000 ई. तक के प्रायः सारे लेख संस्कृत या प्राकृत भाषाओं में हैं । संस्कृत भाषा व्याकरण के नियमों में कसकर बँधी हुई भाषा है । सारे देश में इस भाषा का पठन-पाठन जारी रहा । इसलिए इस स्थिर भाषा ने ब्राह्मी लिपि की विभिन्न शैलियों को एक-दूसरे से अधिक दूर नहीं जाने दिया ।

हमने यह भी देखा है कि गुप्तों के शासन का उदय होने तक अभिलेखों में मुख्यतः प्राकृतों का ही इस्तेमाल होता रहा । परंतु ईसा की चौथी सदी से इनका स्थान संस्कृत भाषा ले लेती है ।

लगभग 1000 ई. से एक नई स्थिति जन्म लेती है । सारे देश में जनता की भाषाएँ प्राकृतों से काफ़ी आगे बढ़ गई थीं । अब प्रादेशिक भाषाएँ जन्म ले रही थीं । दक्षिण भारत में शक्तिशाली राज्यों का उदय हो चुका था और वहाँ अपनी स्वतंत्र भाषाएँ थीं, जो द्रविड़ भाषा-परिवार की हैं । भाषाओं की इस विविधता का अब लिपियों पर भी असर पड़ना स्वाभाविक था ।

हमने देखा है कि नौवीं-दसवीं सदी में नागरी लिपि लगभग एक सार्वदेशिक लिपि थी । लेकिन इसी समय प्रादेशिक लिपियाँ भी जन्म ले रही थीं । और जल्दी ही ये लिपियाँ प्रादेशिक भाषाओं की लिपियाँ बन गईं । फिर इन प्रादेशिक लिपियों को प्रादेशिक भाषाओं की विशिष्ट ध्वनियों के अनुरूप बनाया गया । भारत के कई प्रदेशों में संस्कृत के लिए कुछ विशेष वर्णमालाओं का अस्तित्व बना रहा ।

इन प्रादेशिक लिपियों के बारे में प्रमुख बात यह है कि एक तरफ इनके अक्षर प्राचीन ब्राह्मी की शैलियों के अक्षरों से मिलते हैं और दूसरी तरफ आजकल की प्रादेशिक लिपियों के अक्षरों से भी मिलते हैं । प्रस्तुत प्रकरण में हम भारत की ऐसी ही कुछ प्रमुख प्रादेशिक लिपियों की जानकारी प्राप्त करेंगे ।

शारदा लिपि

इस लिपि का जन्म कश्मीर में हुआ । शारदा को कश्मीर की आराध्यदेवी माना जाता है, इसलिए कश्मीर को 'शारदादेश' या 'शारदामंडल' भी कहते हैं । शारदा देश की लिपि होने से इसका नाम शारदा लिपि पड़ा । ईसा की दसवीं सदी में सिद्धमातृका लिपि से कश्मीर की इस शारदा लिपि का जन्म हुआ ।

अल्बेरूनी अपने ग्रंथ (1030 ई.) में जानकारी देते हैं कि कश्मीर और वाराणसी में सिद्धमातृका लिपि का इस्तेमाल होता है । वाराणसी की तरह कश्मीर भी संस्कृत विद्या का एक प्रमुख केंद्र रहा है । वाराणसी और कश्मीर के पंडित अपने ग्रंथ लगभग एक ही लिपि में लिखते होंगे, इसीलिए अल्बेरूनी ने कहा है कि कश्मीर और वाराणसी की लिपि एक है । यह थी सिद्धमातृका लिपि, जिससे कश्मीर में शारदा लिपि ने जन्म लिया ।

पिछली सदी तक शारदा लिपि में बहुत सारे ग्रंथ लिखे गए । शारदा लिपि का जन्म कश्मीर में हुआ, परंतु उत्तर-पश्चिमी पंजाब में भी इसका प्रचार रहा । बाद में वाराणसी तक प्रायः सारे उत्तर-पश्चिमी भारत में शारदा लिपि में पुस्तकें लिखी गईं । लेकिन शारदा लिपि के आरंभिक लेख काँगड़ा प्रदेश और पुराने चंबा राज्य से मिलते हैं । प्रख्यात विद्वान फोगल ने चंबा राज्य से अनेक पुरावशेष प्राप्त किए थे । इनमें अनेक शिलालेख और दानपत्र भी हैं ।

पुरालिपिविदों का मत है कि शारदा लिपि का सबसे पुराना लेख सराहां (चंबा) से प्राप्त एक प्रशस्ति है, यह प्रशस्ति ईसा की दसवीं सदी की है । नमूने के लिए इस प्रशस्ति का एक श्लोक हम यहाँ दे रहे हैं (चित्र 21-1) ।

बाद में इस शारदा लिपि का विकास हुआ और यह उत्तर भारत में फैल गई । इसमें अनेक पुस्तकें लिखी गईं । इस शारदा लिपि को घसीट लिखने के कारण एक नई लिपि बनी, जिसे **टाकरी लिपि** कहते हैं । पंजाब, जम्मू और पहाड़ी प्रदेश में इस लिपि का प्रचार रहा है । यह एक प्रकार की महाजनी लिपि है और इसमें स्वरमात्राओं पर विशेष ध्यान नहीं दिया जाता ।

सिक्ख लोग आज **गुरुमुखी लिपि** का इस्तेमाल करते हैं। सिक्खों के धर्मग्रंथ इसी लिपि में लिखे जाते हैं। इस लिपि में अब पंजाबी भाषा की पुस्तकें व पत्रिकाएँ भी छपती हैं। यह लिपि सोलहवीं सदी में अस्तित्व में आई। पंजाब में पहले **लंडा** नामक एक प्रकार की महाजनी लिपि का प्रचलन था। इस लिपि में लिखे गए सिक्खों के धर्मग्रंथ को शुद्ध पढ़ना संभव नहीं था, इसलिए नई गुरुमुखी लिपि को जन्म दिया गया। कहते हैं कि सिक्खों के दूसरे गुरु **अंगद** (1538-52 ई.) ने शारदा लिपि के आधार पर इस नई लिपि को जन्म दिया। सिक्ख लोग जहाँ भी पहुँचे, वहाँ वे अपनी इस लिपि को ले गए। सोवियत रूस के अजरबैजान जनतंत्र की राजधानी बाकू के पास 'ज्वालामाई' का एक पुराना मंदिर है। यहाँ से देवनागरी के 13 और गुरुमुखी के 2 लेख मिले हैं। गुरुमुखी लेख संभवतः अठारहवीं सदी के हैं।

गुरुमुखी लिपि का प्रचार दिनोंदिन बढ़ रहा है। अब यह पंजाबी भाषा की प्रमुख लिपि बनती जा रही है।

बंगला-असमिया लिपि

बंगला और असमिया लिपियाँ लगभग एक-सी हैं। इनका विकास साथ-साथ ही हुआ है। बंगला में 'व' तथा 'ब' में कोई भेद नहीं है, परंतु असमिया में 'व' के नीचे एक लकीर रहती है। असम की इस लिपि को 'असमाक्षर' नाम दिया गया था।

ईसा की आठवीं-नौवीं सदी में हिंदी के साथ-साथ बंगला भाषा जन्म लेती है। हिंदी का आद्य रूप हमें बौद्ध सिद्धों के गीतों में देखने को मिलता है। बंगला भाषा का मूल भी इन्हीं गीतों में खोजा जाता है। अनेक बंगाली विद्वान, प्राचीनता के मोह में पड़कर, बंगला लिपि का स्रोत पूर्वी भारत की सिद्धमातृका (कुटिल) लिपि के लेखों में खोजते हैं। वे बंगला लिपि को नागरी की पुत्री नहीं, बहन मानते हैं।

दरअसल, बंगला लिपि का आरंभ दसवीं सदी के पूर्वी भारत के लेखों में देखने को मिलता है। बारहवीं सदी से बंगला लिपि अपना स्वतंत्र अस्तित्व बना लेती है। वैसे, बंगाल के पाल राजाओं के दानपत्रों में बंगला के कुछ अक्षरों का आभास मिलता है। विजयसेन के देवपाड़ा लेख (ग्यारहवीं सदी, उत्तरार्ध) के अक्षर बंगला के और अधिक निकट हैं। कामरूप के शासकों के लेख स्पष्ट रूप से बंगला लिपि में हैं। यहाँ हम कामरूप के राजा वैद्यदेव के दानपत्र का नमूना दे रहे हैं (चित्र 21-2)। यह दानपत्र बारहवीं सदी का है। इस दानपत्र के लेखक कवि **उमापतिधर** हैं।

चौदहवीं सदी तक **उड़िया लिपि** का विकास बंगला लिपि के साथ-साथ

होता है । परंतु बाद में इस लिपि के अक्षर अधिकाधिक गोलाकार हो जाते हैं । वर्तमान उड़िया लिपि के अक्षरों पर गोलाकार सिरे हैं और यह बंगला से काफ़ी भिन्न दिखाई देती है । उड़ीसा में लिखने के लिए अधिकतर ताड़पत्रों का इस्तेमाल हुआ है, इसलिए उड़िया अक्षर अधिक गोलाकार बने हैं । इस लिपि पर दक्षिण भारत की प्रादेशिक लिपियों का भी प्रभाव पड़ा है ।

मिथिला (बिहार) में संस्कृत के ग्रंथ लिखने के लिए बंगला से मिलती-जुलती एक लिपि का प्रचलन रहा है, जिसे **मैथिली लिपि** कहते हैं । यह मुख्यतः मैथिल ब्राह्मणों की लिपि थी । अब इसका स्थान नागरी ने ले लिया है ।

बिहार में एक कामचलाऊ **कैथी लिपि** का भी प्रचलन रहा है । कायस्थों की लिपि होने से इसे कैथी लिपि कहते थे । कैथी लिपि नागरी से बनी थी ।

कलिंग लिपि

हमने देखा है कि गुप्त काल में ब्राह्मी लिपि की कई शैलियों का प्रचलन रहा है । वाकाटकों के दानपत्र मुख्यतः पेटिकाशीर्ष लिपि में हैं । बाद में उत्तर भारत की गुप्तकालीन ब्राह्मी लिपि से कलात्मक सिद्धमातृका लिपि का जन्म हुआ । लेकिन देश के अन्य भागों में पेटिकाशीर्ष, त्रिकोणशीर्ष या ठोस चौखुटे सिरोंवाली ब्राह्मी लिपि की विकसित शैलियों का व्यवहार होता रहा ।

प्राचीन कलिंग देश से प्राप्त राजा खारवेल के प्रसिद्ध लेख की जानकारी हम दे चुके हैं । ईसा की सातवीं सदी से ग्यारहवीं सदी तक कलिंग देश में गंगवंशी राजाओं का शासन रहा । कलिंगनगर (मुखलिंगम्, गंजाम जिला) के गंगवंशी राजाओं के अनेक दानपत्र मिले हैं । इन दानपत्रों की लिपि ब्राह्मी की एक भिन्न शैली की है । गंगवंशी राजाओं ने इन दानपत्रों में **गांगेय-संवत्** का इस्तेमाल किया है, परंतु यह संवत् ठीक कब से आरंभ होता है, यह अभी तक स्पष्ट नहीं हो पाया है ।

कलिंगनगर के दानपत्रों की लिपि को पुराविदों ने कलिंग लिपि का नाम दिया है । इस लिपि के अक्षरों के सिरे वर्गाकार हैं । नलवंश का पोड़ागढ़ से जो लेख मिला है उसके अक्षरों के सिरे भी वर्गाकार हैं । यहाँ हम गंगराज हस्तिवर्मन के एक दानपत्र का अंश दे रहे हैं (चित्र 21-3) । इसकी भाषा संस्कृत है । ग्यारहवीं सदी से कलिंग प्रदेश के लेख नागरी लिपि में मिलने लग जाते हैं ।

पल्लव-ग्रंथ लिपि

कॉंचीपुरम् के पल्लवों की जानकारी हम पहले दे चुके हैं। दक्षिण भारत में इन पल्लवों का शासन लगभग 300 ई. से शुरू हुआ था। इनके आरंभिक दानपत्र प्राकृत भाषा और ब्राह्मी लिपि की दक्षिणी शैली में हैं। फिर इन पल्लवों के दानपत्र संस्कृत भाषा में मिलते हैं। ईसा की पाँचवीं सदी के पल्लव अभिलेख जिस ब्राह्मी लिपि में लिखे गए हैं, उसका भारतीय पुरालिपि के इतिहास में बड़ा महत्त्व है। लगभग इसी प्रकार की लिपि हमें दक्षिण-पूर्व एशिया के अनेक अभिलेखों में देखने को मिलती है। इस लिपि को हम **पल्लव लिपि** कहते हैं।

यहाँ हम पल्लव-नरेश सिंहवर्मन के पीकिरिया दानपत्र का एक अंश दे रहे हैं (चित्र 21-4)। जावा के पूर्णवर्मा के लेख में भी इसी प्रकार के अक्षर देखने को मिलते हैं (देखिए, अगला प्रकरण)। आगे जाकर इस पल्लव लिपि का और अधिक विकास हुआ। इस विकसित पल्लव लिपि को **पल्लव-ग्रंथ लिपि** कहा जाता है।

दक्षिण भारत की द्रविड़ भाषा-परिवार की भाषाओं के लिए जब तेलुगु-कन्नड़ और तमिल-मलयालम लिपियाँ अस्तित्व में आईं, तो संस्कृत के ग्रंथ लिखने के लिए एक स्वतंत्र लिपि की जरूरत थी। संस्कृत-ग्रंथों की लिपि को ही **ग्रंथ लिपि** कहते हैं। अभी पिछली सदी तक दक्षिण भारत में संस्कृत के ग्रंथ इस ग्रंथ लिपि में लिखे जाते रहे हैं। इस ग्रंथ लिपि का विकास पल्लव लिपि से हुआ, इसीलिए आरंभिक पल्लव लेखों की लिपि को **पल्लव-ग्रंथ लिपि** नाम दिया गया है।

पल्लव-ग्रंथ लिपि के लेख ईसा की सातवीं सदी से मिलते हैं (चित्र 21-5)। नरसिंहवर्मन के समय के मामल्लपुरम् के लघुलेख, कॉंचीपुरम् के कैलाशनाथ मंदिर के शिलालेख तथा परमेश्वरवर्मन के कूरम दानपत्र पल्लव-ग्रंथ लिपि में हैं।

केरल प्रदेश की **मलयालम लिपि** का जन्म ग्रंथ लिपि से ही हुआ है। **तुळु लिपि** का विकास भी ग्रंथ लिपि से हुआ है। दक्षिण कर्णाटक की तुळु भाषा के लिए इस लिपि का इस्तेमाल हुआ है और तुळुभाषियों ने इस लिपि में संस्कृत के ग्रंथ भी लिखे हैं।

तेलुगु-कन्नड़ लिपि

वर्तमान तेलुगु और कन्नड़ लिपियों का उद्गम एक साथ हुआ है, इसलिए इन दोनों लिपियों में विशेष अंतर नहीं है। दक्षिण के चालुक्य राजाओं के अभिलेखों में इन लिपियों का आरंभिक रूप देखने को मिलता है।

ईसा की छठी-सातवीं सदी से कन्नड़ और तेलुगु भाषा के लेख मिलने लग जाते हैं। कन्नड़ भाषा का सबसे पुराना लेख बादामी की वैष्णव गुफा के बाहर चालुक्य राजा मंगलेश (598-610 ई.) का है (चित्र 22-1)। काकुस्थवर्मन् का हलेबीद लेख कन्नड़ में है। कन्नड़ भाषा की सबसे पुरानी उपलब्ध हस्तलिपि 'कविराजमार्ग' 877 ई. की है।

ईसा की छठी सदी से तेलुगु भाषा के भी लेख मिलने लग जाते हैं। ईसा की आठवीं सदी के बाद तेलुगु लिपि कन्नड़ लिपि से कुछ स्वतंत्र होती जाती है। तेरहवीं सदी में ये दोनों लिपियाँ एक-दूसरे से स्पष्ट रूप से भिन्न हो जाती हैं। तेरहवीं सदी के तेलुगु कवि **मंचन** अपनी लिपि को 'आंध्र लिपि' का नाम देते हैं।

इसके बाद इन दोनों लिपियों का अलग-अलग विकास हुआ। कन्नड़ में स्वरों की मात्राएँ लंबी होकर व्यंजनों के दाईं ओर रखी जाने लगीं। अक्षर अधिकाधिक गोलाकार होते गए। विजयनगर राज्यकाल में ये दोनों लिपियाँ पूर्ण रूप से एक-दूसरे से अलग हो गई थीं। पिछली सदी में जब इन लिपियों के टाइप बने, तो इन्हें वर्तमान स्थायी रूप मिला। फिर भी, इन दोनों लिपियों में बड़ी समानता है। कन्नड़ जाननेवाला व्यक्ति तेलुगु अक्षरों को सहज ही पढ़-लिख सकता है।

तमिल लिपि

दक्षिण भारत की तमिल, मलयालम, तेलुगु और कन्नड़ भाषाएँ द्रविड़ भाषा-परिवार की हैं। लेकिन इन सब भाषाओं की वर्तमान लिपियाँ ब्राह्मी लिपि से ही बनी हैं। इनमें तमिल भाषा और इसकी लिपि की अपनी कुछ विशेषताएँ हैं।

तमिल भाषा बहुत पुरानी है। ईसा की आरंभिक सदियों से तमिल का साहित्य मिलने लग जाता है। तमिल के अभिलेख भी लगभग इतने ही पुराने हैं। सुदूर दक्षिण भारत की कुछ गुफाओं से तमिल भाषा के कुछ लेख मिले हैं (चित्र 9-3), जो दो हजार साल पुराने हैं। परंतु इनकी लिपि ब्राह्मी है। अंतर केवल इतना है कि तमिल लेखों की इस ब्राह्मी लिपि में कुछ अक्षर विशेष हैं, जो तमिल भाषा की कुछ विशिष्ट ध्वनियों के लिए बनाए गए थे।

फिर ईसा की सातवीं सदी तक हमें तमिल भाषा का कोई लेख नहीं मिलता। बीच के इस काल के दक्षिण भारत से जो लेख मिले हैं वे प्राकृत और संस्कृत भाषाओं में हैं। ईसा की सातवीं सदी में ब्राह्मी की एक शैली **पल्लव-ग्रंथ लिपि** अस्तित्व में आ चुकी थी। इसी पल्लव-ग्रंथ लिपि से आधुनिक तमिल लिपि अस्तित्व में आई है।

वर्तमान तमिल लिपि में 12 स्वराक्षर हैं। इनमें भी ए और ओ के लिए, उच्चारण-भेद के कारण, दो-दो अक्षर हैं। तमिल लिपि में व्यंजनाक्षर 18 हैं। इनमें 14 व्यंजनाक्षर ये हैं : क, ङ, च, ञ, ट, ण, त, न, प, म, य, र, ल, व। इससे स्पष्ट है कि क, च, ट, त तथा प से कवर्ग, चवर्ग, टवर्ग, तवर्ग तथा पवर्ग के व्यंजनों का काम लिया जाता है। इन 14 व्यंजनाक्षरों के अलावा तमिल लिपि में 4 व्यंजनाक्षर और हैं। ये तमिल भाषा की चार विशिष्ट ध्वनियों के विशेष व्यंजनाक्षर हैं। तमिल भाषा में ग, ज, ड, द तथा ब की ध्वनियाँ हैं, परंतु इन्हें क्रमशः क, च, ट, त तथा प से ही व्यक्त किया जाता है। तमिल लिपि में श्री, क्ष, ह, स, ष जैसी कुछ ध्वनियों के लिए ग्रंथ लिपि के अक्षरों का इस्तेमाल होता है।

वर्तमान तमिल लिपि पल्लव-ग्रंथ लिपि से विकसित हुई है। इसलिए आरंभिक तमिल लिपि को **पल्लव-तमिल** या **ग्रंथ-तमिल लिपि** का भी नाम दिया जा सकता है। पुरालिपिविदों का मत है कि परमेश्वरवर्मन् के सातवीं सदी के कूरम् दानपत्र में ग्रंथ-तमिल लिपि का आरंभिक रूप देखा जा सकता है (चित्र 22-2)। पल्लवों के कुछ लेख तमिल भाषा में भी मिलते हैं; जैसे, दंतिवर्मन् का तिरुवेल्लरै लेख। इस लेख में हमें आरंभिक तमिल लिपि के दर्शन होते हैं।

सुदूर दक्षिण के पांड्य प्रदेश में तमिल भाषा के लिए **वट्टेळुत्तु लिपि** का विकास हो रहा था। यह लिपि भी ब्राह्मी से विकसित हुई थी। इस वट्टेळुत्तु लिपि के अक्षर गोलाकार थे (चित्र 22-3)। यह लिपि ग्रंथ लिखने के लिए तो सुविधाजनक थी, परंतु पत्थरों पर गोलाकार अक्षर सुविधा से नहीं खोदे जा सकते थे। इसलिए चोड़-नरेश राजराज ने इस वट्टेळुत्तु के स्थान पर इसके सीधे अक्षरोंवाली **कोल-एळुत्तु लिपि** को पसंद किया। फिर भी सुदूर दक्षिण में पिछली सदी तक वट्टेळुत्तु लिपि का इस्तेमाल होता रहा है।

पल्लवों के बाद दक्षिण भारत में शक्तिशाली चोड़ नरेशों का शासन शुरू हुआ था—ईसा की दसवीं सदी से। इन चोड़ नरेशों के लेख तमिल व संस्कृत दोनों ही भाषाओं में मिलते हैं, इसलिए इनके समय में तमिल तथा ग्रंथ लिपि का साथ-साथ विकास हुआ। विजयनगर के राजाओं के भी कुछ लेख तमिल में हैं।

पंद्रहवीं सदी से तमिल लिपि लगभग वर्तमान रूप धारण करती है। पिछली सदी में इस लिपि के मुद्रणाक्षरों को स्थायी रूप मिला। दक्षिण भारत में संस्कृत के ग्रंथ **ग्रंथ लिपि** में लिखे जाते रहे। अब ग्रंथ लिपि का स्थान नागरी लिपि ने ले लिया है।

मराठी भाषा की लिपि देवनागरी है। लेंकिन महाराष्ट्र में एक और लिपि—**मोड़ी लिपि**—का भी प्रचलन रहा है। शिवाजी और पेशवाओं के शासनकाल में इस घसीट मोड़ी लिपि का खूब इस्तेमाल हुआ है। इस लिपि में मराठी भाषा के कुछ लेख भी मिलते हैं (चित्र-22-4)।

कहते हैं कि मोड़ी लिपि का निर्माण यादव राजाओं के मंत्री **हेमाद्रि** या **हेमाडपंत** ने किया था। परंतु इसके लिए ठोस प्रमाण नहीं मिलते। यह भी कहा जाता है कि शिवाजी के शासनकाल में उनके एक चिटनीस (चिट्ठी-नवीस) **बालाजी आवजी** ने नागरी लिपि को तेजी से लिखने के लिए अक्षरों को तोड़-मरोड़कर इस मोड़ी लिपि को जन्म दिया।

मोड़ी लिपि के अक्षर एक-दूसरे से जुड़े रहते हैं। पेशवा शासनकाल में इस लिपि का खूब इस्तेमाल हुआ है और अभी हमारे समय तक महाराष्ट्र के स्कूलों में यह लिपि पढ़ाई जाती रही है। मराठों के इतिहास से संबंधित पुराने कागज-पत्रों के अध्ययन के लिए इस लिपि का बड़ा महत्त्व है।

वर्तमान **गुजराती लिपि** नागरी से बनी है। इस लिपि के सिरों पर रेखाएँ नहीं हैं, इसलिए यह आज थोड़ी भिन्न दिखाई देती है। लेकिन पहले इस लिपि के सिरों पर रेखाएँ थीं और व्यापारी लोग अपने बहीखातों की गुजराती लिपि में अब भी लंबी शिरोरेखा का इस्तेमाल करते हैं।

इस प्रकार हम देखते हैं कि अरबी-फारसी लिपि को छोड़कर, वर्तमान भारत की सभी लिपियाँ प्राचीन ब्राह्मी लिपि से विकसित हुई हैं। लिपि की दृष्टि से भारत की सारी भाषाएँ एक सूत्र में बँधी हुई हैं।

1.

2.

3.

4.

5.

चित्र 21

लिप्यंतरण :

1. आरंभिक शारदा लिपि में सरहां प्रशस्ति का एक अंश :

नानाविधालङ्कृतिसन्निवेशविशेषरम्यां गुणशालिनी या ।
मनोहरत्वं सुतरामवाप सचेतसां सत्कविभारतीव ।।

2. कामरूप के राजा वैद्यदेव के दानपत्र (12वीं सदी) का एक अंश :

चित्रक्षौमेभचर्म्मा हृदयविनिहितस्थूलहारोरगेन्द्रः
श्रीखण्डक्षोदभस्मा करमिलितमहानील रत्नाक्षमालः

3. गंगवंश के राजा हस्तिवर्मन के दानपत्र (गंग-संवत् 79) का एक अंश :

ओं स्वस्ति सव्वर्त्तुरमणीयाद्विजयकलिङ्गनगरात्सकल-
भुवन-
निर्म्माणैकसूत्रधारस्य भगवतो गोकर्ण्णस्वामिनश्चरण-
कमल-
युगलप्रणामादपगतकलिकलङ्कोविनयनयसम्पदा-
माधारः स्वासिधारापरिस्पन्दाधिगतसकल कलिङ्गाधि-
राज्य-

4. पल्लव-नरेश सिंहवर्मन् के पीकिरिया दानपत्र का एक अंश :

ओं जितम्भगवता स्वस्तिश्री विजयस्कन्धावारा-
न्मेन्मानूरावासकात्परम ब्रह्मण्यस्य स्वबाहु-

1. पल्लव-ग्रंथ लिपि के दो लघु शिलालेख (सातवीं-आठवीं सदी) :

अप्रतिहतशासन
श्री अतयन्तकामपल्लवेश्वरगृहम्

चित्र 22

लिप्यंतरण :

1. चालुक्य-नरेश मंगलेश के बादामी गुफालेख का एक अंश:

   चल्क्यवंशाम्बरपूर्णचन्द्रः ... श्रीमङ्गलिश्वररणविक्क्रान्तः
   प्रवर्द्धमानराज्यसंव्वत्सरे द्वादशे शकनृपतिराज्याभिषेक-

2. परमेश्वरवर्मन् के कूरम् दानपत्र का एक अंश :

   परमेश्वर इव सर्व्वाधिकदर्शनः
   परमेश्वरवर्म्मा भरत इव सर्व्वदमन

3. पांड्य-प्रदेश के आठवीं सदी के एक लेख का अंश, जिसमें ग्रंथ एवं वट्टेळुत्तु लिपियों के अक्षरों का सम्मिश्रण हुआ है

   करवन्दपुरनिवासि श्रीमान्वैद्यः

4. शिवाजी के एक मोड़ी पत्र (1667 ई.) का एक अंश :

   तैसे आम्हीही बरे करून प्रस्तुत जरी आमचे सेवेस
   अंगी-
   कार असाल तरी जे जमेती तुम्हापासी असेल ते धेऊन
   येणे

विदेशों में भारतीय लिपि

संसार की अनेक लिपियों ने समय-समय पर देश, कौम, भाषा तथा धर्म के बंधन तोड़े हैं। एक खास भाषा के लिए निर्मित लिपि का अन्य अनेक भाषाओं के लिए भी इस्तेमाल हुआ है। चंद उदाहरण लीजिए :

सुमेरी भाषा सेमेटिक भाषा-परिवार की नहीं थी। फिर भी अक्कदियों ने सुमेरी लिपि को अपनी सेमेटिक भाषा के लिए अपनाया। अक्कदियों की कीलाक्षर लिपि को कुछ हेर-फेर के साथ बाद में भारत-यूरोपीय भाषा-परिवार की हित्ती, मितन्नी आदि भाषाओं के लिए भी अपनाया गया।

पश्चिमी एशिया की फिनीशियन, कनानी आदि वर्णमालाएँ (व्यंजन-मालाएँ) मूलतः सेमेटिक परिवार की भाषाओं के लिए अस्तित्व में आई थीं। लेकिन इन्हीं वर्णमालाओं के आधार पर यूनानी लिपि का निर्माण हुआ। इन्हीं सेमेटिक लिपियों के आधार पर बाद में ईरान व भारत की पहलवी, अवेस्ता, खरोष्ठी आदि लिपियों का निर्माण हुआ। मध्य एशिया की सोग्दी, उइगुर, मंगोल, मंचू आदि लिपियाँ भी सेमेटिक लिपियों के आधार पर बनी थीं।

इसी प्रकार, भारत की ब्राह्मी लिपि ने भी देश, कौम, धर्म तथा भाषा के बंधनों को तोड़ा है। इस लिपि का जन्म संस्कृत या प्राकृत भाषा के लिए हुआ था। परंतु बाद में इसे कई अन्य भाषा-परिवारों के लिए अपनाया गया। प्रस्तुत प्रकरण में हमें यही देखना है कि ब्राह्मी या इससे विकसित लिपि को विदेशों की किन-किन भाषाओं के लिए अपनाया गया है।

नेपाल के साथ भारत के सांस्कृतिक संबंध बहुत पुराने हैं। सम्राट अशोक ने काठमांडू उपत्यका की यात्रा की थी, वहाँ ललितपाटन नगर बसाया और कई स्तूप बनवाए थे। गौतम बुद्ध का जन्म-स्थान लुंबिनी, जहाँ से अशोक का स्तंभलेख मिला है, नेपाल की सीमा के भीतर है। लेकिन काठमांडू उपत्यका से अभी तक अशोककालीन ब्राह्मी लिपि का कोई लेख नहीं मिला है।

काठमांडू उपत्यका से जो सबसे पुराना लेख मिला है वह गुप्तकालीन ब्राह्मी लिपि में है। यह है—नेपाल के लिच्छवि-नरेश **मानदेव** का **चांगुनारायण मंदिर लेख** (चित्र 23-1)। यह लेख काव्यमय संस्कृत भाषा में है और इसकी लिपि गुप्त काल की ब्राह्मी है। इस लेख में 'संवत् 386' का उल्लेख है। पर निश्चित रूप से नहीं कहा जा सकता कि यह विक्रम-संवत् है या शक-संवत्। मानदेव के सिक्के भी मिले हैं, जिन पर गुप्त काल की ब्राह्मी लिपि में 'श्रीमनांक' शब्द अंकित है। मानदेव के पहले का नेपाल से अभी तक कोई लेख या सिक्का नहीं मिला है।

मानदेव के बाद के नेपाल से अनेक लेख मिले हैं। इनमें ठकुरी वंश के शासक **अंशुवर्मा** के लेख, जयदेव (द्वितीय) का पशुपति अभिलेख, पश्चिमी नेपाल से प्राप्त पुण्यमल्ल का द्विभाषिक (संस्कृत व नेपाली) लेख, प्रतापमल्ल का कृष्णमंदिर लेख, गीर्वाणयुद्ध शाह का बाग्मती लेख आदि महत्त्व के हैं। नेपाल में एक नए संवत्—**नेपाल-संवत्**—का भी प्रचलन रहा है, जिसका आरंभ 879 ई. से माना जाता है।

हम बता चुके हैं कि भारत से बहुत कम बौद्धग्रंथ मिले हैं। लेकिन नेपाल से अनेक भारतीय हस्तलिपियाँ मिली हैं। रंजना, कुटिला आदि लिपि-शैलियों में लिखी गई ये पोथियाँ बड़े महत्त्व की हैं। नेपाल के बौद्ध वज्राचार्य अभी हमारे समय तक सुंदर एवं कलात्मक अक्षरों में पुरानी हस्तलिपियों की प्रतिलिपियाँ तैयार करके उन्हें सुरक्षित रखते आए हैं। इसलिए नेपाल की लिपि-शैलियों के अध्ययन का बड़ा महत्त्व है।

आज नेपाल में सर्वत्र नागरी लिपि का व्यवहार होता है। हिंदी की सहोदरा नेपाली भाषा तो नागरी में लिखी ही जाती है, किराती वंश की नेवारी भाषा भी नागरी में लिखी जाती है। देवनागरी नेपाल की राष्ट्रलिपि है।

जानकारी मिलती है कि गौतम बुद्ध का समकालीन विजयसिंह नामक एक भारतीय राजकुमार अपने कुछ साथियों के साथ **श्रीलंका** में जाकर बस गया था। असंभव नहीं कि उसी समय श्रीलंका में पहले-पहल ब्राह्मी लिपि का प्रवेश हुआ हो। लेकिन सम्राट अशोक के समय के पहले का श्रीलंका से हमें कोई लेख नहीं मिलता। यह एक ऐतिहासिक तथ्य है कि अशोक-पुत्र **महेंद्र** और अशोक-पुत्री **संघमित्रा** 250 ई. पू. के आसपास बौद्धधर्म के प्रचारार्थ श्रीलंका (ताम्रपर्णी) पहुँचे थे। श्रीलंका ने बौद्धधर्म के साथ-साथ भारत की ब्राह्मी लिपि और प्राकृत भाषा को भी अपनाया। सिंहल भाषा आर्य-परिवार की है।

श्रीलंका से प्राप्त प्राचीनतम लेख लगभग अशोक के समय के हैं। आगे

श्रीलंका में इस लिपि का स्वतंत्र विकास होता रहा। श्रीलंका की अपनी कोई लिपि नहीं थी। इसलिए ब्राह्मी वहाँ की राष्ट्रीय लिपि बनी। श्रीलंका की इस लिपि पर अमरावती-नागार्जुनकोंडा की लिपि तथा पल्लव लिपि का भी प्रभाव पड़ा है।

श्रीलंका से बहुत सारे अभिलेख मिले हैं। वहाँ से प्रकाशित होनेवाली 'एपिग्राफिया झेलेनिका' नामक शोध-पत्रिका में इनका प्रकाशन होता रहता है। श्रीलंका से प्राप्त पल्लव-काल तक के अभिलेखों को आसानी से पढ़ा जा सकता है। यहाँ हम श्रीलंका से प्राप्त दो आरंभिक लेखों के नूमने दे रहे हैं (चित्र 23-2,3)।

वर्तमान सिंहल लिपि दक्षिण भारत की लिपियों से मिलती-जुलती दिखाई देती है। आज इसके अक्षर गोलाकार हैं। कारण यह है कि ताड़पत्रों पर लिखे जाने से सिंहल लिपि के अक्षर गोलाकार बने हैं। ताड़पत्र पर सीधी रेखाएँ खींचने से यह फट जाता है।

मध्य एशिया से भारतीय लिपियों—खरोष्ठी तथा ब्राह्मी—के बहुत सारे अभिलेख मिले हैं। दरअसल, मध्य एशिया, विशेषतः पूर्वी मध्य एशिया, अनेक भाषाओं और लिपियों का प्रयोग-स्थल रहा है। जहाँ तक मध्य एशिया में खरोष्ठी लिपि के व्यवहार का प्रश्न है, इसकी जानकारी हम पहले दे चुके हैं।

ईसा की चौथी-पाँचवीं सदी में मध्य एशिया में गुप्तकालीन ब्राह्मी लिपि का प्रवेश हुआ। इसी समय से पश्चिमोत्तर भारत तथा मध्य एशिया की खरोष्ठी लिपि का स्थान ब्राह्मी लिपि ले लेती है।

मध्य एशिया में गुप्त लिपि की तीन शैलियों के दर्शन होते हैं : 1. **खड़ी गुप्त लिपि**, 2. **तिरछी गुप्त लिपि**, और 3. **घसीट गुप्त लिपि**। इनमें दूसरी तथा तीसरी शैली की लिपियों का इस्तेमाल पूर्वी मध्य एशिया की स्थानीय भाषाओं के लिए हुआ है।

भारत में लिखी गई मध्य एशिया से प्राप्त हस्तलिपियों में खड़ी गुप्त लिपि देखने को मिलती है। इन हस्तलिपियों की ब्राह्मी लिपि पाँचवीं-छठी सदी की है और गिलगित हस्तलिपियों की लिपि से मिलती-जुलती है (चित्र15-1)। सबसे पहले 1870 ई. में लेफ्टिनेंट बावेर को काशगर से इस लिपि में लिखे गए कुछ हस्तलेख मिले थे। फिर 1891 ई. में उन्हें मध्य एशिया से और भी हस्तलेख मिले। ये सारी हस्तलिपियाँ अब 'बावेर हस्तलिपियों' के नाम से जानी जाती हैं। मध्य एशिया के अनेक हस्तलेख यूरोप के देशों में भी पहुँच गए हैं।

पूर्वी मध्य एशिया से खड़ी गुप्त लिपि में बड़े महत्त्व के हस्तलेख मिले

हैं। इनमें चिकित्सा से संबंधित 'नावनीतकम्' नामक पुस्तक है। मध्य एशिया से **महाकवि अश्वघोष** के 'सारिपुत्र प्रकरण' नाटक के खड़ी गुप्त लिपि में लिखे हुए खंडित अंश भी मिले हैं।

तिरछी तथा घसीट गुप्त लिपि में मध्य एशिया की स्थानीय भाषाओं के अभिलेख मिले हैं। इनसे पुराविदों को चीनी तुर्किस्तान की **तुखारी** भाषाओं की कुछ विशिष्ट बोलियों के बारे में नई जानकारी मिली है। तुखारी बोलियों के लिए गुप्त लिपि को अपनाते समय कुछ अक्षर छोड़ दिए गए थे और स्थानीय ध्वनियों के अनुरूप कुछ नए अक्षर गढ़ लिए गए थे।

ईसा की आरंभिक सदियों में मध्य एशिया के रास्ते से ही बौद्धधर्म **चीन** में पहुँचा था। ईसा की तीसरी-चौथी सदी से भारतीय बौद्धग्रंथों के चीनी में अनुवाद होने लगे और बाद में सैकड़ों भारतीय ग्रंथ चीनी में अनूदित हुए। इनमें कुछ ऐसे भी ग्रंथ हैं, जो अब मूल में उपलब्ध नहीं हैं।

भारतीय ग्रंथों का चीनी अनुवाद-कार्य भारतीय एवं चीनी पंडितों के सहयोग से हुआ। चीनी बौद्ध-पंडित भारतीय लिपि तथा भाषाओं के जानकार थे। जिन अनेक भारतीय ग्रंथों का चीनी में अनुवाद हुआ है उनमें बीच-बीच में कुछ अंश मूल भारतीय भाषा एवं लिपि में ज्यों-के-त्यों लिखे गए हैं। भारत की यात्रा करनेवाले युवान्-च्वाङ् जैसे चीनी बौद्ध-पंडित तो न केवल भारतीय भाषा एवं लिपि के अधिकारी विद्वान थे, बल्कि चीन लौटते समय वह अपने साथ बहुत-से भारतीय ग्रंथ भी ले गए थे।

चीन की अपनी लिपि मूलतः भावचित्रात्मक है और इसमें हजारों भाव-चिह्न हैं। परंतु भारतीय वर्णमाला के संपर्क में आने पर भी चीनियों ने अपनी बोझिल लिपि को छोड़कर ब्राह्मी वर्णमाला को नहीं अपनाया। इस दिशा में थोड़ी पहल की जापानियों ने।

जापानियों ने अपनी लिपि चीनी लिपि के आधार पर बनाई है। लेकिन जब जापानी लोग बौद्धधर्म के माध्यम से भारतीय वर्णमाला से परिचित हुए, तो उन्होंने एक सरल अक्षरमाला को अपनाने का निर्णय कर लिया। भारतीय वर्णमाला के प्रभाव से ईसा की आठवीं-नौवीं सदी में जापान में दो अक्षरमालाएँ अस्तित्व में आईं। ये अक्षरमालाएँ हैं—**काताकाना** और **हिराकाना**। इनमें से प्रत्येक में लगभग पचास अक्षर-चिह्न हैं।

काताकाना अक्षरमाला को आठवीं सदी में **किबी-नो-माबी** नामक जापानी पंडित ने जन्म दिया। इस अक्षरमाला के आरंभिक पाँच अक्षर अ-इ-उ-ए-ओ हैं, इसलिए इसे 'अइउएओ अक्षरमाला' भी कहते हैं। नौवीं सदी में **हिराकाना** अक्षरमाला को जन्म दिया **कोबो-दैशी** नामक एक बौद्ध भिक्षु ने। मजेदार बात यह है कि इस हिराकाना अक्षरमाला के क्रमिक

अक्षरों के मेल से जो वाक्य बनता है, उसका अर्थ है—''इस क्षणिक संसार में सभी कुछ अनित्य है, इसके मायाजाल तथा दिखावे से मैं बचना चाहता हूँ।'' स्पष्टतः यह एक बौद्ध कथन है।

जापान की इन दोनों वर्णमालाओं के लिए ब्राह्मी अक्षरों को नहीं, बल्कि जापानी लिपि के चिह्नों को ही अपनाया गया। लेकिन जापानी लेखक केवल इन्हीं अक्षरमालाओं के अक्षरों पर निर्भर नहीं रहे। वे बड़ी मात्रा में अपने पुराने भाव-संकेतों का इस्तेमाल करते रहे। जापानी लिपि की आज भी यही स्थिति है।

तिब्बत हमारा पड़ोसी देश है। परंतु वहाँ भारतीय लिपि का प्रवेश सातवीं सदी के पहले न हो सका। कारण यह है कि सातवीं सदी के पहले तिब्बत का जन-जीवन सुसंगठित नहीं था, वहाँ एक केंद्रीय शासन की नींव नहीं पड़ी थी। उस समय तक तिब्बत के लोग कई कबीलों में बँटे हुए थे। ऐसे घुमंतू एवं कबीलाई समाज के लोगों को लिपि की जरूरत नहीं होती।

लेकिन सातवीं सदी के दूसरे चरण में **स्रोङ्-चन्-गंपो** नामक एक साहसी व्यक्ति ने विभिन्न कबीलों का एकीकरण करके तिब्बत में एक शक्तिशाली राज्य खड़ा किया। उसने पश्चिम में कश्मीर तक और पूर्व में चीनी साम्राज्य की सीमा तक अपने राज्य का विस्तार किया। ल्हासा नगर तिब्बत की राजधानी बना। स्रोङ्-चन् की इतनी धाक जमी कि नेपाल के शासक अंशुवर्मा ने अपनी पुत्री भृकुटीदेवी (ख्री-चुन्) उसे ब्याह दी। उधर चीन के सम्राट ने भी अपनी पुत्री कोङ्-जो उसके पास भेज दी।

चीनी राजकुमारी अपने साथ बुद्ध की एक प्रतिमा लाई थी। स्रोङ्-चन् ने दोनों राजकुमारियों के लिए ल्हासा में बौद्ध-मंदिर बनवाए। इस प्रकार तिब्बत में बौद्धधर्म का प्रवेश हुआ। बाद में वहाँ यह राजधर्म बना और जनता ने भी इसे अपना लिया।

अब स्रोङ्-चन् को राजकाज के लिए एक लिपि की आवश्यकता महसूस हुई। उसने तिब्बती (भोट) भाषा के लिए एक लिपि बनाने का काम अपने मंत्री थोन-निवासी (थोन्-मी) **संभोटा** को सौंपा। कहते हैं कि संभोटा भारत आया था। लेकिन इसके लिए ठोस प्रमाण नहीं मिलते। उस समय नेपाल में भारतीय लिपि का प्रचलन था। नेपाल के शासक अंशुवर्मा के इस लिपि में कई लेख मिले हैं। उधर तिब्बत के उत्तर में चीनी तुर्किस्तान में भी भारतीय लिपि का प्रचलन था। इसलिए संभव यही जान पड़ता है कि संभोटा ने नेपाल या मध्य एशिया में प्रचलित भारतीय लिपि के आधार पर भोट भाषा के लिए नई लिपि बनाई होगी। जो भी हो, तिब्बती लिपि के

अक्षर स्पष्ट रूप से 600 ई. के आसपास के उत्तर भारत के ब्राह्मी अक्षरों से मिलते हैं।

तिब्बती भाषा चीनी-तिब्बती और तिब्बती-बर्मी भाषा-परिवारों से संबंधित है। घ, झ, ढ, भ, ध और ष अक्षरों की ध्वनियाँ तिब्बती भाषा में नहीं हैं, इसलिए संभोटा ने इन्हें छोड़ दिया। परंतु तिब्बती भाषा में च, छ, ज जैसे कुछ अक्षरों के अपने भिन्न उच्चारण हैं, इसलिए इनके लिए कुछ भिन्न-से संकेतों का निर्माण किया गया। तिब्बती लिपि की दो प्रमुख शैलियाँ हैं। साहित्यिक लिपि उ-चान् (शिरोरेखा-युक्त) कहलाती है और पुस्तकों की सुंदर लिखाई तथा मुद्रण के लिए इन्हीं अक्षरों का इस्तेमाल होता है। दूसरी लिपि उ-मेद् (शिरोरेखा-विहीन) कहलाती है और इस घसीट लिपि का व्यवहार दैनंदिन जीवन के कामकाजों में होता है।

तिब्बती लिपि में चार स्वराक्षर (आलि) हैं—अि, अु, अे, ओ—जो ह्रस्व लिखे जाते हैं, लेकिन इनका उच्चारण डेढ़ मात्रा के बराबर होता है। 'अ' के दो संकेत हैं, परंतु ये व्यंजन माने जाते है और इनका उच्चारण भी डेढ़ मात्रा के बराबर होता है। इनमें से एक 'अ' का उच्चारण 'अः' जैसा होता है। तिब्बती लिपि में तीस व्यंजनाक्षर (कालि) हैं।

स्रोङ्-चन् के मंत्री संभोटा ने, न केवल भोट भाषा के लिए एक लिपि बनाई, बल्कि उन्होंने इस भाषा का पहला व्याकरण भी लिखा। कहते हैं कि स्रोङ्-चन् ने चार साल तक एक गुफा में रहकर इस नई लिपि और व्याकरण का अध्ययन किया था।

तिब्बत के धर्माचार्यों ने ही **मंगोलिया** में बौद्ध धर्म का प्रचार किया है। कुबिले खान ने तिब्बत के प्रसिद्ध सा-स्क्य विहार के भोट पंडित **फग्स-पा** (1234-79 ई.) को चीन बुलाया था और उन्हें राजगुरु की उपाधि प्रदान की थी। फग्स-पा ने तिब्बती लिपि के आधार पर मंगोलाई भाषा के लिए एक लिपि बनाई थी, पर यह लिपि अधिक दिन तक नहीं चली। इस लिपि में चंद अभिलेख ही मिले हैं। **सिक्किम के लेप्चा** लोगों की लिपि भी तिब्बती लिपि के आधार पर बनी थी।

चीनी भाषा की तरह तिब्बती भाषा में भी सैकड़ों भारतीय ग्रंथों का अनुवाद हुआ है। तिब्बती में भारत के जिन बौद्धग्रंथों का अनुवाद हुआ है उन्हें 'कंजूर' और 'तंजूर' नामक महाग्रंथों में संकलित किया गया है। तिब्बती में ऐसे अनेक भारतीय ग्रंथ विद्यमान हैं, जो अब भारत से लुप्त हो गए हैं। इसलिए तिब्बती भाषा के अध्ययन का अब भी बड़ा महत्त्व है।

तिब्बती पंडितों ने भारतीय ग्रंथों का अनुवाद बड़ी सावधानी से किया है। उन्होंने अनेक संस्कृत-भोट कोश भी तैयार किए। अनुवाद में इतनी

सावधानी बरती गई है कि उन तिब्बती ग्रंथों का पुनः संस्कृत अनुवाद किया जाए, तो वे काफ़ी हद तक मूल संस्कृत से मिलते हैं।

इस समय कई लाख तिब्बती शरणार्थी भारत में बसे हुए हैं। इसलिए अब भारत में भी तिब्बती पुस्तकें तथा कुछ पत्र-पत्रिकाएँ छपती हैं। अतः हम कह सकते हैं कि तिब्बती लिपि अब भारत की भी एक लिपि है।

दक्षिण-पूर्व एशिया के देशों की अनेक भाषाएँ **मोन-ख्मेर भाषा-वर्ग** की हैं। लेकिन आज दक्षिण-पूर्व एशिया के बर्मा, स्याम, जावा, कंबोडिया आदि देशों में जिन वर्णमालाओं का इस्तेमाल होता है, वे ब्राह्मी लिपि की वर्णमाला से विकसित हुई हैं। दक्षिण-पूर्व एशिया के देशों में सदियों तक भारतीय भाषाओं का अध्ययन होता रहा। इसलिए वहाँ भारतीय लिपि का प्रचार-प्रसार हुआ।

जानकारी मिलती है कि सम्राट अशोक ने सुवर्णद्वीप में अपने धर्मदूत भेजे थे। ईसा की आरंभिक सदियों में दक्षिण-पूर्व एशिया के देशों में भारत के साहसी नाविक भी पहुँचने लगे। इनमें से कई भारतीय लोग वहीं बस गए। इन भारतीय लोगों का सबसे प्राचीन उपनिवेश **चंपा** (दक्षिण वियतनाम) था। चीनी इतिहास-ग्रंथों से जानकारी मिलती है कि भारतीय राजकुमारों ने 192 ई. में चंपा राज्य की स्थापना की थी। वहाँ से प्राप्त अभिलेखों से इस बात की पुष्टि होती है।

चंपा से सबसे पुराना शिलालेख **वो-कान्ह** स्थान से मिला है। यह लेख संस्कृत भाषा में और तीसरी-चौथी सदी की ब्राह्मी लिपि में है। यह लेख काफ़ी अस्पष्ट है। इसमें राजवंश सूचक **श्रीमारराजकुल** और **श्रीमार** शब्द आए हैं, पर अन्य किसी लेख में इस श्रीमार कुल के बारे में हमें जानकारी नहीं मिलती। इस **वो-कान्ह लेख** के अक्षर समुद्रगुप्त की प्रयाग-प्रशस्ति के अक्षरों से काफ़ी मिलते हैं (चित्र 23-4)।

इस लेख के बाद के प्राचीन चंपा से अनेक लेख मिले हैं। इनकी भाषा संस्कृत है और इनमें से अधिकांश लेखों में **शकाब्द** का उल्लेख है। जिन भारतीय नामवाले शासकों के ये लेख हैं उन्होंने 'धर्ममहाराज' की उपाधि धारण की है। इन लेखों की लिपि दक्षिण भारत की पल्लव लिपि से मिलती-जुलती है।

चंपा की स्थानीय भाषा **चाम** में भी एक प्राचीन लेख मिला है। यह न केवल चाम भाषा का, बल्कि सारी मलय-पोलिनेशी भाषाओं का प्राचीनतम उपलब्ध लेख है। इसकी ब्राह्मी लिपि पाँचवीं सदी की मालव-गुजरात की लिपि से मिलती-जुलती है।

चंपा के पश्चिम में जो प्रदेश था, उसे चीनी लोग **फूनान** कहते थे। चीनी स्रोतों से जानकारी मिलती है कि ईसा की आरंभिक सदियों में **कौंडिन्य** नामक व्यक्ति ने यहाँ एक राजवंश की स्थापना की थी। फिर कौंडिन्य कुल के अनेक शासक हुए। छठी सदी के उत्तरार्ध में इस प्रदेश पर कंबुज राज्य का अधिकार हुआ।

प्राचीन काल में पामीर प्रदेश को भी कंबोज देश कहते थे। पर दक्षिण-पूर्व एशिया के कंबुज देश से प्राप्त 947 ई. के एक शिलालेख से जानकारी मिलती है कि कंबु ऋषि और अप्सरा मेरा से कंबुज राजवंश का उदय हुआ था। कंबु भारतीय व्यक्ति होगा और मेरा कोई स्थानीय सुंदरी रही होगी।

कंबुज की अपनी भाषा **ख्मेर** है। यह आग्नेय-एशियाई भाषा-परिवार के अंतर्गत मोन-ख्मेर उपवर्ग की एक भाषा है। छोटा नागपुर की मुंडा, असम की खासी और निकोबारी भाषा भी मोन-ख्मेर वर्ग की हैं।

ईसा की आरंभिक सदियों में भारतीय व्यापारियों ने कंबोडिया के तटवर्ती प्रदेशों में अपनी बस्तियाँ स्थापित की थीं। इनके साथ भारतीय लिपि भी वहाँ पहुँची। दक्षिण कंबोडिया के ओक्-एओ स्थान से कुछ प्रस्तर-मुद्राएँ मिली हैं। इन मुहरों पर 'अप्रमाद', 'जितं भगवता', 'विष्णुमित्रस्य' जैसे शब्द अंकित हैं। इनके ब्राह्मी अक्षर चौथी सदी के हैं (चित्र 23-5)। संभव है कि भारतीय व्यापारी इन मुहरों को भारत से अपने साथ ले गए होंगे।

कंबुज प्रदेश से बहुत सारे लेख मिले हैं। ये लेख संस्कृत भाषा में हैं। ईसा की 14वीं सदी तक कंबोज प्रदेश से संस्कृत के लेख मिले हैं। वर्तमान **ख्मेर वर्णमाला** ब्राह्मी वर्णमाला के आधार पर ही बनी है।

बोर्नियो से भी संस्कृत भाषा और भारतीय लिपि के लेख मिले हैं। यज्ञ के अवसर पर जिस स्तंभ के साथ पशु को बाँधकर उसकी हत्या की जाती थी, उसे **यूपस्तंभ** कहते थें। इन यूपस्तंभों पर लेख भी खोद दिए जाते थे। भारत से सबसे पुराना यूपस्तंभ-लेख ईसापुर (मथुरा) से मिला है, जो 102 ई. का है। पूर्वी बोर्नियो के कोतेई स्थान से **राजा मूलवर्मा** के सात-आठ **यूपलेख** मिले हैं (चित्र 24-1)। इन लेखों की भाषा संस्कृत है और लिपि 400 ई. के आसपास की पल्लव लिपि।

मलयद्वीप का नाम ही शायद सुवर्णद्वीप था। ईसा की आरंभिक सदियों में भारतीयों की बस्तियाँ यहाँ स्थापित हो गई थीं। यहाँ से पाँचवीं सदी से भारतीय लिपि और संस्कृत भाषा के लेख मिलने लग जाते हैं। उत्तरी मलाया के पश्चिमी तट के तकुआ-पा बंदरगाह से अनेक लेख मिले हैं।

इनमें **महानाविक बुद्धगुप्त** का लेख विशेष महत्त्व का है। इस लेख में बुद्धगुप्त अपने को रक्तमृत्तिका (रांगामाटी, मुर्शिदाबाद जिले) का निवासी बतलाता है (चित्र 23-6)।

जावा से भी संस्कृत भाषा तथा भारतीय लिपि के अनेक लेख मिले हैं। जावा के लिए हमारे प्राचीन साहित्य में **यवद्वीप** नाम मिलता है। यहाँ भी भारतीय नामोंवाले शासकों ने सदियों तक शासन किया। पश्चिमी जावा के तारूमा (आधुनिक बताविया) प्रदेश से **राजा पूर्णवर्मा** के कुछ शिलालेख मिले हैं। इनकी भाषा संस्कृत है और लिपि पाँचवीं सदी की पल्लव लिपि से मिलती-जुलती है। यहाँ हम पूर्णवर्मा के **चि-अरूतान शिलालेख** को दे रहे हैं (चित्र 24-2)। इस शिलालेख के पास ही चट्टान पर पूर्णवर्मा के हस्ताक्षर और किसी के पदचिह्न खुदे हुए हैं।

ईसा की आठवीं सदी से ग्यारहवीं सदी तक दक्षिण-पूर्व एशिया के अनेक देशों पर सुमात्रा के **शैलेंद्र** शासकों का शासन रहा। इनके बारे में बहुत कम ठोस जानकारी मिलती है।

जावा की अपनी भाषा **कवि** कहलाती है। कवि भाषा और भारतीय लिपि का प्राचीनतम लेख आठवीं सदी का है। दसवीं-ग्यारहवीं सदी में इस स्थानीय कवि भाषा में रामायण, महाभारत आदि भारतीय ग्रंथों के अनुवाद भी हुए। **कवि वर्णमाला** भारतीय वर्णमाला के आधार पर बनी है।

बर्मा और **स्याम** (थाइलैंड) से भी भारतीय लिपि के अनेक लेख मिले हैं। इन देशों की वर्णमालाएँ भी भारतीय वर्णमाला के आधार पर बनी हैं। दरअसल, दक्षिण-पूर्व एशिया के अनेक देशों में आज जिन लिपियों का इस्तेमाल होता है, वे भारतीय लिपि के आधार पर ही बनी हैं।

दक्षिण-पूर्व एशिया के देशों से भारतीय लिपि एवं भाषा के सैकड़ों लेख प्राप्त हुए हैं। इनके अध्ययन के लिए भी भारतीय पुरालिपि की जानकारी जरूरी है। इस प्रकार हम देखते हैं कि ब्राह्मी लिपि, केवल भारतीय लिपियों की ही जननी नहीं है, बल्कि यह एशिया के एक विशाल भूभाग में प्रचलित लिपियों की भी जननी है।

1.

2.

3.

4.

5.

6

चित्र 23

लिप्यंतरण :

1. नेपाल के लिच्छवि-नरेश मानदेव (प्रथम) के चांगुनारायण लेख का **श्रीमानदेवोनृपः** शब्द ।

2. श्रीलंका के राजा वसभ के समय (67-111 ई.) का वेल्लिपुरम् (प्राचीन नागदीव, आधुनिक जाफ़ना) से प्राप्त स्वर्णपत्र पर अंकित लेख । मूल लेख में आरंभ में 'सिध' (सिद्धम्) शब्द भी है, जो यहाँ छोड़ा गया है ।

महरज वहयह रजेहि अमेते
(इ) सिगिरये नकदीव बुजमेनि
बदकर अतनेहि पियगुकतिस
विहर करिते

3. श्रीलंका के शासक बुद्धदास महासेन के शासनकाल (337-365 ई.) के रुवनवेलिसाय स्तंभलेख का एक अंश :

मेक जेटतिस महरज अपयह
पुत बुददस महसेन

4. चंपा के श्रीमार राजा के वो-कान्ह शिलालेख के कुछ अक्षर; क्रमशः
आ जा त पि ब मृ या लो वी
स हि ङ्ग स्तु ष्ठा स्था ष्ट त्य स्य

5. दक्षिण कंबोडिया के ओक्-एओ स्थान से प्राप्त कुछ मुहरों पर अंकित शब्द; क्रमशः
अप्रमाद, जितं भगवता, विष्णुमित्रस्य

6. मलयद्वीप से प्राप्त महानाविक बुद्धगुप्त के लेख का अंश :
महानाविक बुद्धगुप्तस्य रक्तमृत्तिक, सिद्धयात्रा संतु

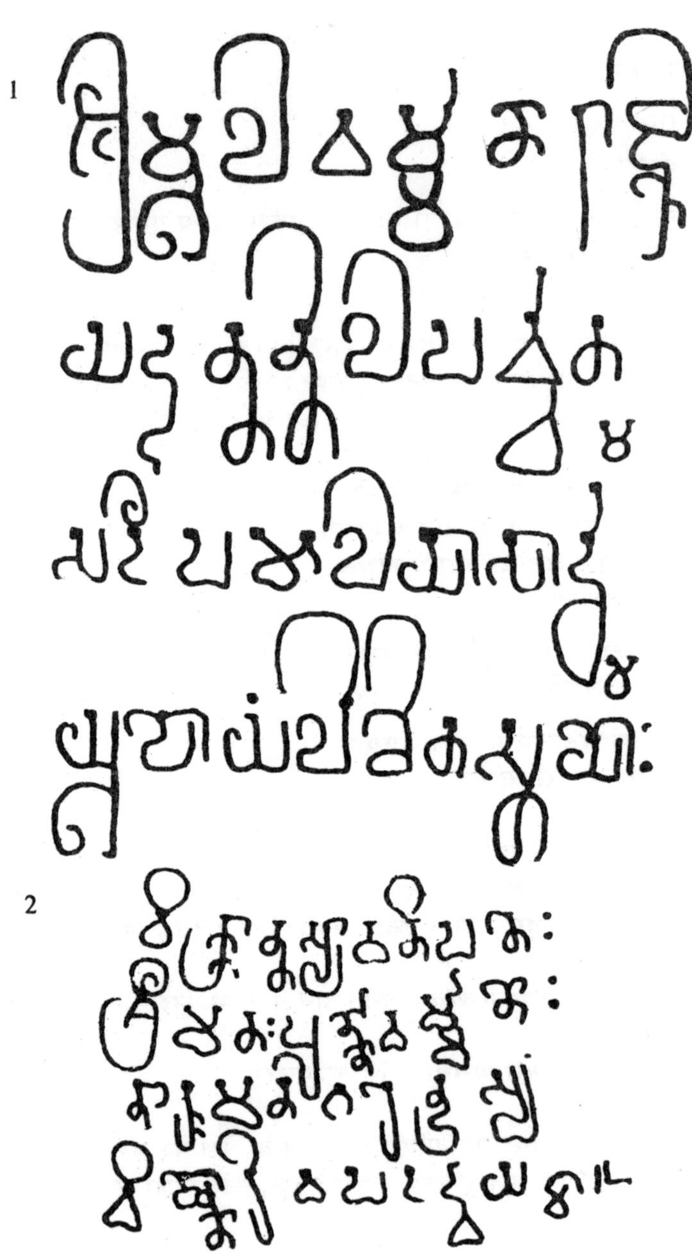

चित्र 24

लिप्यंतरण :

1. राजा मूलवर्मा का कोतेई (पूर्वी बोर्नियो) से प्राप्त एक यूपस्तंभ लेख :

श्री मूलवर्म्मणा राज्ञा
यद्दत्तन्तिलपर्व्वतम्
सदीपमालया सार्द्धम्
यूपोयं लिखितस्तयोः

2. जावा के राजा पूर्णवर्मा का चि-अरूतान शिलालेख :

विक्क्रान्तस्यावनिपतेः
श्रीमतः पूर्ण्णवर्म्मणः
तारूमनगरेन्द्रस्य
विष्णोरिव पदद्वयम् ।।

सिंधु लिपि

हम बता चुके हैं कि ब्राह्मी व खरोष्ठी लिपि का उद्घाटन 1837 ई. में हुआ था। तब से पुरालेखों का अध्ययन शुरू हुआ और भारतीय इतिहास व संस्कृति के बारे में हमें व्यापक एवं प्रामाणिक जानकारी प्राप्त होने लगी।

लेकिन ब्राह्मी व खरोष्ठी के उपलब्ध अभिलेख ईसा पूर्व तीसरी-चौथी सदी से अधिक प्राचीन नहीं हैं। खरोष्ठी के बारे में हम जानते हैं कि यह लिपि आरमी (आरमेई या आरमाइक) लिपि के आधार पर बनाई गई थी। पर ब्राह्मी लिपि का जन्म कैसे हुआ, इसके बारे में हमें अभी तक जानकारी नहीं मिली है। साहित्यिक उल्लेखों के आधार पर हम सिर्फ इतना ही कह सकते हैं कि ब्राह्मी लिपि ईसा पूर्व सातवीं-आठवीं सदी में अस्तित्व में आ गई थी।

लेकिन उपलब्ध वैदिक साहित्य हमें और अधिक पीछे ले जाता है। 1200 ई. पू. के आसपास **ऋग्वेद** की रचना हुई। इसके बाद अन्य वेदों, ब्राह्मण-ग्रंथों तथा वेदांग-साहित्य की रचना हुई। ऋग्वेद के प्राचीन मंडलों में हमें आर्यों के आरंभिक कबीलाई जीवन के बारे में जानकारी मिल जाती है। अधिकांश विद्वानों का मत है कि 1500 ई. पू. के आसपास आर्यभाषी लोग इस देश में पहुँचे थे।

इसलिए भारत का इतिहास लगभग 1500 ई. पू. से आरंभ होता था। मान लिया गया था कि **वैदिक संस्कृति** ही भारत की सबसे पुरानी संस्कृति है। दूसरी ओर, मिस्र, मेसोपोटामिया तथा चीन से अधिक प्राचीन अभिलेख मिले थे। 1800 ई. के आसपास मिस्र व मेसोपोटामिया के प्राचीन अभिलेखों को पढ़ने में सफलता मिली। इन देशों से वेदों से भी डेढ़ हजार साल अधिक पुराने अभिलेख मिले हैं। लेकिन 1920 ई. तक भारत से उतने प्राचीन अभिलेख नहीं मिले थे।

फिर 1921-22 ई. में तत्कालीन भारत में चार-पाँच हजार साल पुराने दो प्राचीन नगरों की खोज हुई। ये दो नगर हैं—आधुनिक पाकिस्तान के सिंध प्रांत में सिंधु के तट पर बसा हुआ **मोहनजोदड़ो** और मांटगोमरी जिले

में **हड़प्पा** । बाद में सिंधु की उपत्यका में ऐसे अनेक स्थल खोजे गए जहाँ से मोहनजोदड़ो व हड़प्पा जैसे पुरावशेष प्राप्त हुए। पुराविदों ने वैदिक सभ्यता से अधिक प्राचीन इस सभ्यता को **सिंधु सभ्यता** का नाम दिया। हड़प्पा से प्राप्त पुरावशेषों से इस सभ्यता के बारे में अधिक सिलसिलेवार जानकारी मिलती है, इसलिए इसे **हड़प्पा संस्कृति** भी कहते हैं। सिंधु सभ्यता **ताम्रयुग** की सभ्यता है।

सन् 1947 में भारत-विभाजन के बाद सिंधु सभ्यता के अनेक स्थल पाकिस्तान में चले गए। लेकिन पिछले करीब चालीस साल में भारतीय पुराविदों ने पंजाब, पश्चिमी उत्तर प्रदेश, राजस्थान और काठियावाड़ में सिंधु सभ्यता के सौ से भी अधिक नए स्थल खोजे हैं। इनमें **लोथल** (काठियावाड़), **कालीबंगां** (राजस्थान) और **रोपड़** (पंजाब) से प्राप्त पुरावशेष विशेष महत्त्व के हैं। लोथल से एक गोदी (डॉकयार्ड) मिली है, जिसे एक नहर द्वारा भगवा नदी के साथ जोड़ा गया था और यह भगवा नदी अरब सागर में पहुँचती है। इससे स्पष्ट है कि सिंधु सभ्यता के लोग समुद्री यात्राएँ करते थे और उनके जहाज फारस की खाड़ी तक पहुँचते थे।

सिंधु सभ्यता के विविध स्थलों से अनेक प्रकार के पुरावशेष मिले हैं। इनमें ताँबे, काँसे व पत्थर के औज़ार हैं। ताँबे, काँसे तथा मिट्टी के बर्तन, खिलौने तथा मूर्तियाँ हैं। मोहनजोदड़ो से एक भव्य स्नानागार तथा धान्यकोठार मिले हैं। उनके मकान पकी हुई ईंटों के होते थे और सड़कें सीधी और चौड़ी होती थीं। मकान दुमंजिले होते थे और उनके भीतर कुएँ होते थे। सड़कों के किनारे नालियाँ बनी हुई हैं। संक्षेप में हम कह सकते हैं कि यह एक विकसित नागरी सभ्यता थी और यहाँ संभवतः पुरोहित-राजाओं का केंद्रीय शासन था।

नागरी सभ्यता और केंद्रीय शासन को एक लिपि की जरूरत पड़ती ही है। सिंधु सभ्यता की भी अपनी एक लिपि थी। सिंधु सभ्यता के अनेक स्थलों से ऐसी लगभग दो हजार मुहरें मिली हैं, जिन पर मानव, पशु तथा पेड़-पौधों की आकृतियों के साथ लिपि-संकेत उकेरे हुए हैं (चित्र 25-1)। इन्हीं संकेतों को सिंधु सभ्यता की लिपि या संक्षेप में **सिंधु लिपि** का नाम दिया गया है। हमें इसी लिपि का विवेचन करना है।

सबसे पहले यह जानना जरूरी है कि सिंधु लिपि के बारे में किस प्रकार की सामग्री मिली है। प्राचीन मिस्र के अभिलेख प्रस्तर-स्मारकों पर खोदे गए हैं। वहाँ से पेपीरस (कागज) पर लिखी हुई पुस्तकें भी मिली हैं। प्राचीन मेसोपोटामिया की कीलाक्षर लिपि के अधिकांश लेख मिट्टी के फलकों पर उकेरे गए हैं। ऐसे उत्कीर्ण फलकों के प्राचीन मेसोपोटामिया के प्राचीन नगरों से पूरे ग्रंथालय ही मिले हैं।

परंतु सिंधु लिपि की ऐसी विस्तृत सामग्री नहीं मिली है। सिंधु लिपि के संकेत मुख्यतः मुहरों पर उकेरे हुए हैं। ऐसी लगभग दो हजार मुहरें मिली हैं। ताँबे की कुछ चीजों और मिट्टी के बर्तनों पर सिंधु लिपि के संकेत देखने को मिलते हैं। ताम्रपट, शिलाफलक या किसी प्रकार के 'कागज' पर अभी तक सिंधु लिपि का कोई लेख नहीं मिला है। अब तक जितने लेख मिले हैं, वे संक्षिप्त हैं। सिंधु लिपि का ऐसा कोई लेख नहीं मिला है जिसमें इस लिपि के बीस से अधिक संकेत हों।

सिंधु लिपि के अधिकांश उपलब्ध लेख **मुहरों** पर उत्कीर्ण हैं। ये मुहरें सेलखड़ी, चीनी मिट्टी तथा हाथीदाँत की बनी हुई हैं। अधिकांश मुहरें चौकोर हैं। कुछ मुहरों के कूबड़ निकले हुए हैं और कुछ मुहरों की पीठ पर मूठें भी हैं, जिनमें डोरी डालने के लिए छेद बने हुए हैं। इन्हीं मुहरों पर पशु, पेड़ तथा लिपि-संकेत खोदे गए हैं। पशुओं की आकृतियाँ बड़ी सजीव, सुंदर एवं कलात्मक हैं।

ये मुहरें किसलिए बनी थीं? पुराविदों ने इस सवाल के अनेक उत्तर दिए हैं। मेसोपोटामिया से सिलिंडर के आकार की ऐसी मुहरें मिली हैं। माल से भरे हुए कलशों पर उन मुहरों के मिट्टी के छापे लगाए जाते थे। सिंधु सभ्यता से वैसे छापे इक्के-दुक्के ही मिले हैं। लोथल से मिट्टी पर लगे हुए मुहरों के ऐसे एक-दो छापे मिले हैं। इसलिए दावे के साथ नहीं कहा जा सकता कि सिंधु सभ्यता की इन मुहरों का इस्तेमाल छापे लगाने के लिए ही होता था।

परंतु इतना निश्चित है कि इन मुहरों का संबंध सिंधु सभ्यता की अर्थ-व्यवस्था या वाणिज्य-व्यापार से था। जब निजी संपत्ति का अभ्युदय होता है, राज्य-व्यवस्था अस्तित्व में आती है और व्यापार-साहूकारी की शुरुआत होती है, तभी लिपि, अंकगणित तथा सिक्कों की जरूरत पड़ती है। प्राचीन काल में राजा के अलावा व्यापारी-संगठन (श्रेणियाँ) भी अपने सिक्के जारी करते थे। अतः संभव यही जान पड़ता है कि सिंधु सभ्यता की ये मुहरें व्यापार-वाणिज्य से संबंध रखती थीं।

माल की गठरियों पर इन मुहरों के सील लगाए जाते होंगे। सिंधु सभ्यता की कुछ मुहरें मेसोपोटामिया के प्राचीन नगरों की खुदाई में मिली हैं और मेसोपोटामिया की कुछ मुहरें सिंधु सभ्यता के स्थलों से मिली हैं। इससे स्पष्ट है कि सिंधु सभ्यतावालों का मेसोपोटामिया के साथ खूब व्यापार चलता था। बौद्ध जातक कहानियों में भारतीय व्यापारियों के **बावेरु** (बेबीलोन) पहुँचने के उल्लेख मिलते हैं।

कुछ पुराविदों ने यह भी कहा है कि सिंधु सभ्यता की इन मुहरों का इस्तेमाल सिक्कों या तावीजों के रूप में होता था। परंतु ये सब मत अनुमान

मात्र हैं। इन मुहरों पर उत्कीर्ण लेखों के पढ़े जाने पर ही यह ज्ञात होगा कि ये मुहरें ठीक किस काम आती थीं।

कई वैज्ञानिक विधियों से सिंधु सभ्यता के काल की सीमा निर्धारित की गई है। सिंधु सभ्यता का अभ्युदय 2500 ई. पू. के आसपास होता है और अंत 1500 ई. पू. के आसपास। इन लगभग एक हजार वर्षों में हम सिंधु सभ्यता को अधिक विकसित हुआ नहीं देखते। सबसे बड़ी बात यह है कि इस दीर्घ काल में सिंधु लिपि के संकेतों में भी विशेष परिवर्तन नहीं हुआ।

सिंधु लिपि में विविध प्रकार के लगभग 400 संकेत हैं। लेकिन यदि केवल मूल संकेतों को लिया जाए तो इनकी संख्या लगभग 250 तक पहुँचती है। जैसे, मनुष्य व मछली की आकृतियाँ मूल संकेत हैं, परंतु इन्हीं के साथ और संकेत या रेखाएँ जोड़कर अनेक प्रकार के संकेत बनाए गए हैं (चित्र 25-2)।

हम जानते हैं कि जिस लिपि में लगभग 250 संकेत हों, वह लिपि वर्णमालात्मक या अक्षरमालात्मक नहीं हो सकती। वर्णमालात्मक या अक्षरमालात्मक लिपियों में संकेतों की संख्या 50 के आसपास रहती है। दूसरी ओर, भावचित्रात्मक लिपियों में संकेतों की संख्या हजारों पर पहुँच जाती है। चीनी लिपि में हजारों संकेत हैं। सुमेरी लिपि में दो हजार से अधिक संकेत थे। कालांतर के अक्कदी काल में भी इस कीलाक्षर लिपि में संकेतों की संख्या 900 से कम नहीं थी। प्राचीन मिस्र में कुछ व्यंजनाक्षर अस्तित्व में आ गए थे, परंतु मिस्र के लेखक अपनी लिपि के सैकड़ों भावचित्रों का ही इस्तेमाल करते रहे।

अतः हम इस निर्णय पर पहुँचते हैं कि सिंधु लिपि न शुद्ध अक्षरमालात्मक है और न शुद्ध भावचित्रात्मक। लगभग 250 संकेतों वाली यह लिपि एक मिश्रित योजना ही हो सकती है। इसमें कुछ भाव-संकेत हो सकते हैं, कुछ अक्षर-संकेत (सिलेबल) हो सकते हैं और कुछ वर्ण-संकेत भी हो सकते हैं। हम जानते हैं कि **ताम्रयुग** की कोई भी ज्ञात लिपि वर्णमालात्मक नहीं है। **लौहयुग** की शुरुआत होने पर ही वर्णमालाओं ने जन्म लिया है।

सिंधु लिपि अभी तक पढ़ी नहीं गई है। पिछले करीब पचास साल में देश-विदेश के अनेक पुरालिपिविदों ने इस लिपि को पढ़ने के प्रयास किए हैं और अनेक परिकल्पनाएँ प्रस्तुत की हैं। कुछ ऐसे भी पुरालिपिविद हैं, जो यह दावा करते हैं कि उन्होंने सिंधु लिपि का उद्घाटन कर लिया है। प्रायः हर साल ऐसे दावेदार सामने आते हैं। परंतु हम जानते हैं कि अभी तक सिंधु लिपि का उद्घाटन नहीं हुआ है। सिंधु लिपि भारतीय पुरातत्व की एक बहुत बड़ी पहेली है।

अब हमें यह देखना है कि पुरालिपिविदों ने सिंधु लिपि के उद्घाटन के बारे में किस प्रकार की परिकल्पनाएँ प्रस्तुत की हैं । लेकिन उसके भी पहले यह जानना लाभप्रद होगा कि किसी भी पुरालिपि के उद्घाटन में पुरालिपिविद को किस प्रकार की स्थितियों का सामना करना पड़ता है ।

पुरालेखों में कोई-न-कोई भाषा छिपी होती है, इसलिए लिपि व भाषा के संबंध को लेकर पुरालिपि के उद्घाटन में तीन प्रकार की समस्याओं का सामना करना पड़ता है—

1. **लिपि अज्ञात होती है, पर भाषा ज्ञात होती है ।** ब्राह्मी या खरोष्ठी लिपि के उद्घाटन के समय पुरालिपिविदों को इनमें निहित संस्कृत या प्राकृत भाषाएँ ज्ञात थीं । इसी प्रकार हख़ामनी लेखों के उद्घाटन के समय पुराविदों को इनमें निहित अवेस्ता की भाषा से मिलती-जुलती प्राचीन पारसी भाषा ज्ञात थी । भाषा मालूम हो तो ऐसी पुरालिपि का देर-सवेर उद्घाटन हो ही जाता है ।

2. **लिपि ज्ञात होती है, पर भाषा अज्ञात रहती है ।** लेकिन ऐसा बहुत कम होता है, क्योंकि लिपि मालूम हो, तो हम उसमें लिखी गई भाषा भी जान सकते हैं । पर कभी-कभी ऐसा होता है कि हम उस भाषा के स्वरूप को समझ नहीं सकते । एक उदाहरण लीजिए । रोमनों के उदय के पहले इटली में एत्रुस्कन लोगों का निवास था । उनके पुरालेख मिले हैं । ये लेख यूनानी लिपि में हैं । किंतु पिछले करीब दो सौ साल के अथक प्रयास के बाद भी पुराविद यह जान पाने में असमर्थ थे कि इन लेखों में निहित भाषा कौन-सी है । क्योंकि वह कोई जीवित भाषा नहीं थी । लेकिन 1971 में बुल्गारिया के पुरालिपिविद जॉर्जीएव ने इन **एत्रुस्कन** लेखों की भाषा को पहचान लिया । उन्होंने जाना कि यह भाषा प्राचीन हित्ती भाषा से काफी मिलती-जुलती है । तब से एत्रुस्कन लेखों को पढ़ पाना (समझना) संभव हुआ ।

3. **लिपि अज्ञात होती है और भाषा भी अज्ञात होती है !** ऐसी ही स्थिति में पुरालिपि के उद्घाटन में सबसे अधिक कठिनाई होती है । सिंधु लिपि की स्थिति ऐसी ही है । सिंधु लिपि हम नहीं जानते और यह भी नहीं जानते कि इसमें कौन-सी भाषा निहित है । लेकिन ऐसी दशा में भी पुरालिपियों का उद्घाटन हुआ है । मिस्र की पुरालिपियों की भाषा ज्ञात नहीं थी, लेकिन करीब दो सौ साल पहले मिस्र से एक ऐसा लेख (रोसेटा-प्रस्तर-लेख) मिला था जिस पर एक ही आशय का विवरण तीन लिपियों में और दो भाषाओं में खुदा हुआ है । दो भाषाएँ हैं—मिस्री और यूनानी, और तीन लिपियाँ हैं—हाइरोग्लिफिक, देमोतिक और यूनानी । इस प्रकार के द्विभाषिक लेख की मदद से अंत में मिस्री पुरालिपियों का उद्घाटन हुआ ।

इरान की बेहिस्तुन चट्टान पर हख़ामनी सम्राट **दारयवहु** (522-486 ई. पू.) के तीन भाषाओं—प्राचीन पारसी, बेबीलोनी, एलामी—में और इन भाषाओं की तीन कीलाक्षरी लिपियों में लेख खुदे हुए हैं । जब प्राचीन पारसी लेख का उद्घाटन हुआ, तो फिर बेबीलोनी कीलाक्षरों को भी पढ़ पाना संभव हुआ ।

लेकिन इस प्रकार के **द्विभाषिक लेखों** की सहायता के बिना भी पुरालेखों का उद्घाटन हुआ है । क्रीटा द्वीप की **रैखिक-ब** लिपि (चित्र-2-1) अज्ञात थी और इसमें निहित भाषा भी अज्ञात थी । पुरालिपिविदों ने इस लिपि का आंतरिक विश्लेषण शुरू कर दिया । संकेतों की वारंवरता तथा इसके आदि-अंत्य प्रत्ययों का अध्ययन किया गया । अंत में, 1952 में, इस लिपि के उद्घाटन-कर्त्ता **माइकेल वेन्ट्रिज** को पता चला कि इन लेखों में आद्य-यूनानी भाषा निहित है ।

भारत या मेसोपोटामिया से सिंधु लिपि के उद्घाटन के लिए कोई द्विभाषिक लेख अभी तक नहीं मिला है, इसलिए आंतरिक विश्लेषण से ही सिंधु लिपि का उद्घाटन संभव है । कुछ पुराविदों का मत है कि सिंधु सभ्यता एक द्रविड़ सभ्यता थी, इसलिए वे सिंधु लिपि के लेखों में प्राचीन द्रविड़ भाषा की कल्पना करते हैं । अन्य पुराविद सिंधु लेखों में आद्य-संस्कृत भाषा खोजते हैं । लेकिन ये दोनों मत अनुमान मात्र हैं । यह भी संभव है कि सिंधु लेखों में इनसे भिन्न ऐसी कोई भाषा छिपी हो, जो अब मर गई है ।

अब हम देखेंगे कि सिंधु लिपि के उद्घाटन के अब तक किस प्रकार के प्रयास हुए हैं ।

सर्वप्रथम 1925 ई. में एल. ए. वाडेल ने सुमेरी लिपि के आधार पर सिंधु लिपि को पढ़ने की कोशिश की । उनका मत था कि सुमेरी लोग और सिंधु सभ्यता के लोग एक ही वंश के थे । उन्होंने सिंधु लेखों में कुछ वैदिक देवताओं के नाम भी 'खोज' निकाले ।

डा. प्राणनाथ ने सिंधु सभ्यता को वैदिक सभ्यता मान लिया और इसमें आद्य-संस्कृत या आद्य-प्राकृत भाषा खोजने का प्रयत्न किया । उनका मत था कि कालांतर के तांत्रिक प्रतीकों के आधार पर सिंधु लिपि के संकेतों का अध्ययन होना चाहिए । इसी सुझाव का अनुकरण करते हुए शंकरानंद तथा बेनीमाधव बरुआ ने सिंधु लिपि को पढ़ने की कोशिश की । इनका मत था कि सिंधु लिपि वर्णमालात्मक है ।

हित्ती लिपि का उद्घाटन करनेवाले प्रख्यात पुराविद ह्रोज्नी का मत था कि सिंधु सभ्यता के लोग भारत-यूरोपीय परिवार की कोई भाषा बोलते थे । उन्होंने सिंधु लेखों में हित्ती भाषा से मिलती-जुलती भाषा खोजने की कोशिश की । फादर हेरास का मत था कि सिंधु सभ्यता के लोग द्रविड़ वंश

के थे, इसलिए उनके लेखों की भाषा द्रविड़ भाषा-परिवार की—प्राचीन तमिल—होनी चाहिए।

सन् 1934 में द-हेवेसी ने सिधु लिपि का संबंध ईस्टर द्वीप (प्रशांत महासागर) की अज्ञात लिपि के साथ जोड़ा। पर हम जानते हैं कि ईस्टर द्वीप की लिपि एक हजार साल से अधिक प्राचीन नहीं है, जबकि सिंधु लेख चार-पाँच हजार साल पुराने हैं।

और भी कई पुरालिपिविद हैं जिन्होंने सिधु लिपि के उद्घाटन के दावे किए हैं। परंतु हम जानते हैं कि किसी भी दावे को अभी सर्वसम्मति से स्वीकार नहीं किया गया है। हाँ, आधुनिक अनुसंधानों से यह अवश्य पता चला है कि सिंधु लिपि के लेख दाईं ओर से बाईं ओर लिखे गए हैं।

पिछले तीन-चार वर्षों में सिधु लिपि के उद्घाटन का दावा करनेवाले तीन-चार भारतीय पुरालिपिविदों की अखबारों में खूब चर्चा हुई। डा. फतहसिंह सिंधु लिपि में 'ब्राह्मण-ग्रंथों और उपनिषदों के प्रतीक' खोजते हैं। सुधांशुकुमार राय के मतानुसार सिंधु लिपि वर्णमालात्मक है। व्ही. एन. कृष्णराव ने सिंधु सभ्यता की तथाकथित 'पशुपति-मुद्रा' के लिपि-संकेतों में **मखनाशन** (इंद्र) शब्द खोजा है (देखिए चित्र 25-1 में 'पशुपति मुद्रा')। परंतु ये सारे प्रयास अधूरे और बेमेल हैं।

फिनलैंड तथा रूस के वैज्ञानिक भी सिधु लिपि के उद्घाटन में जुटे हुए हैं। सिंधु लेखों के संकेतों की वारंवरता जानने के लिए ये वैज्ञानिक इलेक्ट्रॉनिक गणक-यंत्रों की सहायता ले रहे हैं। इन वैज्ञानिकों का मत है कि सिधु लेखों में प्राक-द्रविड भाषा छिपी हुई है। फिनलैंड के वैज्ञानिकों का कहना है कि उन्होंने सिधु लेखों के कुछ संकेतों का अर्थ जान लिया है (चित्र 25-3)।

लेकिन सिंधु लिपि अब भी अज्ञेय है। यदि कोई द्विभाषिक लेख मिल जाता है तो सिधु लिपि के उद्घाटन में आसानी होगी। लेकिन तब तक इस लिपि के आंतरिक विश्लेषण के प्रयत्न जारी रहने चाहिए, जारी रहेंगे। कुछ पुराविदों का मत है कि ब्राह्मी लिपि सिंधु लिपि के संकेतों के आधार पर बनाई गई है। परंतु जब तक सिंधु लिपि के स्वरूप के बारे में हमें ठोस जानकारी नहीं मिलती और जब तक इसमें निहित भाषा मालूम नहीं हो जाती, तब तक निश्चित रूप से कुछ नहीं कहा जा सकता।

सिधु लिपि का उद्घाटन हो जाने पर ही हमें मालूम होगा कि सिंधु सभ्यता के लोग किस परिवार की भाषा बोलते थे। आज तो हमें सिर्फ इसी बात का संतोष है कि भारत में ब्राह्मी के भी दो हजार साल पहले एक लिपि—सिंधु लिपि—का अस्तित्व रहा है। देर-सवेर इस लिपि का भी उद्घाटन हो ही जाएगा।

प्रसिद्ध पुराविद **डा. एस. आर. राव** का दावा है कि उन्होंने सिंधु लिपि का उद्घाटन कर लिया है। उनके मतानुसार सिंधु लिपि में प्राक्-वैदिक आर्यभाषा छिपी हुई है। उनका कहना है कि सिंधु लिपि लगातार विकसित होती रही। वे कहते हैं कि आरंभ में इसमें 60 मूल चिह्न थे, मगर कालांतर में इनकी संख्या 25 के आसपास रह गई। अर्थात्, सिंधु लिपि अक्षरात्मक बन गई। डा. राव ने सिंधु लिपि को पश्चिम एशिया की सेमेटिक लिपि के अक्षरों की सहायता से पढ़ने की कोशिश की है। उन्होंने सिंधु लेखों में वैदिक देवताओं और शासकों के नाम भी खोजे हैं!

डा. राव सिंधु लिपि का अशोक कालीन ब्राह्मी लिपि से भी संबंध जोड़ते हैं। बेट-द्वारका से उन्हें सात अक्षरों का एक लेख मिला है। इस लेख को वे सिंधु लिपि और ब्राह्मी लिपि के बीच की कड़ी मानते हैं।

संभव है कि सिंधु लेखों में प्राक्-वैदिक भाषा ही निहित हो, मगर डा. राव के प्रयास में अनेक त्रुटियाँ हैं। इसलिए पुराविदों ने उनके दावे को स्वीकार नहीं किया है। सिंधु लिपि अभी भी अज्ञेय बनी हुई है।

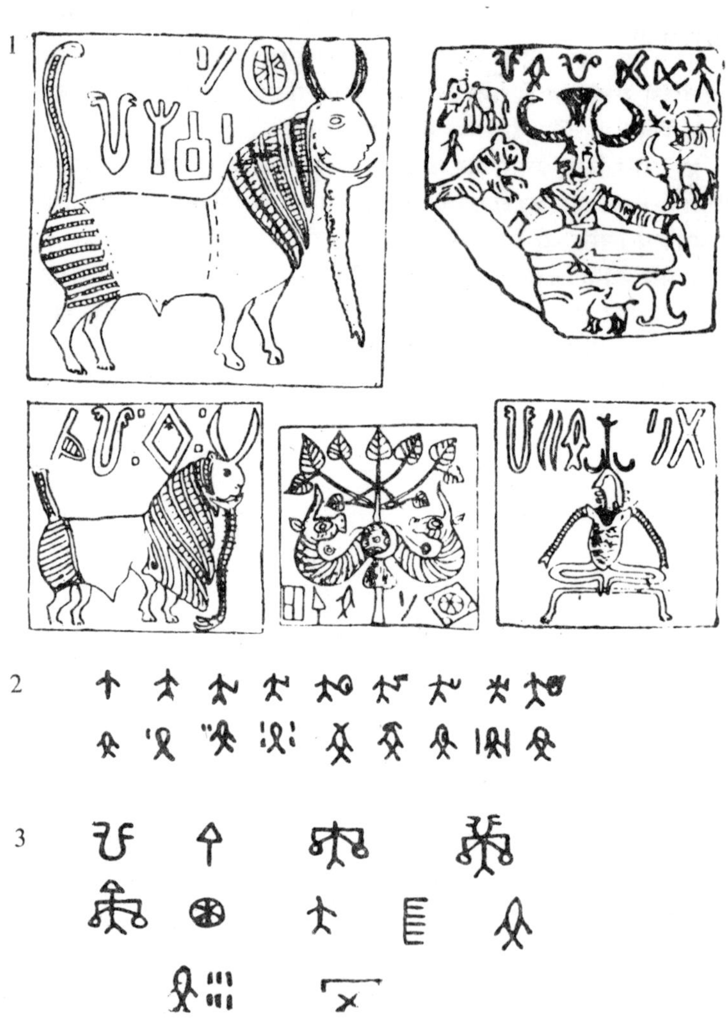

चित्र 25

लिप्यंतरण :

1. सिंधु सभ्यता की कुछ मुहरें। इनमें दाईं ओर ऊपर देखिए तथाकथित 'पशुपति मुद्रा'। इस मुहर के बीच में जो पुरुषाकृति है, उसे कुछ पुराविद पशुपति (शिव) या योगी की आकृति समझ बैठे हैं।

2. सिंधु लेखों में मनुष्य तथा मछली के संकेतों के विविध रूप।

3. फिनलैंड के वैज्ञानिकों के अनुसार सिंधु लिपि के कुछ संकेतों के अर्थ; क्रमशः
संबंध कारक, संप्रदान कारक (एकवचन), कर्त्ता कारक (बहुवचन), संबंध कारक (बहुवचन)
संप्रदान कारक (बहुवचन), राजा, आदमी, स्त्री या कंघी, तारा, छह तारे (कृत्तिका नक्षत्र), मंदिर या राजमहल

खरोष्ठी लिपि

हमने देखा है कि ब्राह्मी लिपि प्राचीन भारत की प्रमुख लिपि रही है और आधुनिक भारत की लिपियाँ इसी लिपि से विकसित हुई हैं। लेकिन प्राचीन भारत की एक और लिपि है, जिसने सदियों तक भारतीय संस्कृति की सेवा की है। यह है—खरोष्ठी लिपि।

ईसा पूर्व पाँचवीं सदी में तत्कालीन पश्चिमोत्तर भारत (गांधार देश) में इस खरोष्ठी लिपि का जन्म हुआ था। सम्राट अशोक के उस प्रदेश के लेख इसी खरोष्ठी लिपि में हैं। बाद में हिंद-यवन, शक, कुषाण आदि शासकों ने भी इस लिपि का इस्तेमाल किया। ईसा की तीसरी सदी तक भारत से इस लिपि के अभिलेख मिलते हैं। ईसा पूर्व तीसरी सदी से ईसा की तीसरी सदी तक यह पश्चिमोत्तर भारत की प्रमुख लिपि रही है। ईसा की तीसरी सदी के बाद भारत में इस खरोष्ठी लिपि का व्यवहार बंद हो जाता है।

लेकिन पूर्वी-मध्य एशिया (चीनी तुर्किस्तान) में खरोष्ठी लिपि का व्यवहार ईसा की पाँचवीं-छठी सदी तक होता रहा। चीनी तुर्किस्तान के खोतन, निया, लोन-लान् आदि स्थानों से खरोष्ठी के बहुत सारे अभिलेख मिले हैं। खोतन से बौद्धग्रंथ **धम्मपद** की खरोष्ठी लिपि में लिखी हुई एक अत्यंत महत्त्वपूर्ण हस्तलिपि मिली है। प्राचीन भारत की संस्कृति के अध्ययन के लिए इन खरोष्ठी अभिलेखों का महत्त्व है। दरअसल, ईसा की पाँचवीं सदी तक के अभिलेखों में खरोष्ठी अभिलेखों का महत्त्व ब्राह्मी के अभिलेखों से तनिक भी कम नहीं है।

खरोष्ठी लिपि के बारे में अधिक बातें जानने के पहले इसकी प्रमुख विशेषताओं को संक्षेप में समझ लेना जरूरी है। खरोष्ठी लिपि दाईं ओर से बाईं ओर को लिखी जाती थी। ईसा की पाँचवीं-छठी सदी के बाद इस लिपि का इस्तेमाल नहीं हुआ और इस लिपि ने किसी अन्य लिपि को जन्म नहीं दिया।

ब्राह्मी की तरह इस खरोष्ठी लिपि का उद्घाटन भी यूरोप के पंडितों ने किया है। बाख्त्रिया और पश्चिमोत्तर भारत के हिंद-यवनों के सिक्कों पर

एक तरफ यूनानी लिपि में शासकों के नाम मिलते हैं और दूसरी ओर प्राय: खरोष्ठी लिपि में **महरजस ब्रतरस** शब्दों के बाद उस शासक का नाम अंकित मिलता है। इससे खरोष्ठी लिपि के अक्षरों को पहचानने में आसानी हुई। खरोष्ठी लिपि का उद्घाटन लगभग उसी समय हुआ, जिस समय (1837 ई.) ब्राह्मी लिपि का उद्घाटन हुआ। मेसोन, प्रिंसेप, लास्सेन, कनिंघम आदि विद्वानों ने इसके उद्घाटन में सहयोग दिया।

आरंभ में इस लिपि को 'इंदो-बाख्त्री', 'बाख्त्रो-पालि', 'काबुली', 'गांधारी' आदि नाम दिए गए। बाद में देखा गया कि प्रसिद्ध बौद्धग्रंथ **ललित-विस्तर** (ईसा की दूसरी सदी) में जिन 64 लिपियों के नाम दिए गए हैं, उनमें पहली और दूसरी लिपि क्रमशः **ब्राह्मी** तथा **खरोष्ठी** हैं। सातवीं सदी के एक चीनी बौद्ध विश्वकोश में भी ब्राह्मी और खरोष्ठी लिपि के बारे में जानकारी मिलती है। उस ग्रंथ में स्पष्ट लिखा है कि ब्राह्मी लिपि बाईं ओर से दाईं ओर और खरोष्ठी लिपि दाईं ओर से बाईं ओर लिखी जाती है।

इस प्रकार, यह निश्चित हो गया कि दाईं ओर से बाईं ओर लिखी जानेवाली इस लिपि का असली नाम खरोष्ठी है। इसका सही नाम संभवतः खरोष्ट्री है, परंतु अब खरोष्ठी नाम रूढ़ हो गया है। 'खरोष्ठी' का शाब्दिक अर्थ होता है 'गधे के ओठ वाली'। बड़ा विचित्र नाम है! इसलिए इस नाम की उत्पत्ति के बारे में कुछ जानना जरूरी है।

इस लिपि का ब्राह्मी के अक्षरों से कोई संबंध नहीं है। खरोष्ठी के अक्षर मुख्यतः आरमी (आरमाइक) लिपि (चित्र 2-2) के अक्षरों के आधार पर बने हैं। ईरान के हख़ामनी शासनकाल में आरमी लिपि का व्यवहार संपूर्ण पश्चिमी एशिया में होता था। मिस्र से भी आरमी लिपि के लेख मिले हैं (चित्र 2-3)। हख़ामनी शासकों ने यद्यपि अपनी भाषा के लिए कीलाक्षरों के आधार पर एक नई लिपि बना ली थी, परंतु पूरे पश्चिमी एशिया में आरमी भाषा व लिपि का ही अधिक प्रचलन था, इसलिए हख़ामनी शासकों ने राजकाज के लिए मुख्यतः इसी भाषा व लिपि को अपना लिया था।

हख़ामनी साम्राज्य की पूर्वी सीमा सिंधु नदी तक थी, अर्थात् प्राचीन गांधार देश हख़ामनी साम्राज्य का एक प्रांत था। हख़ामनी शासन के अधिकारियों के साथ गांधार देश में इस आरमी लिपि का प्रवेश हुआ। राजकाज की लिपि होने से गांधार देश की जनता को भी इस आरमी लिपि से परिचित होना पड़ा। तक्षशिला और अफ़गानिस्तान से आरमी लिपि के कुछ लेख भी मिले हैं।

आरमी लिपि मूलतः एक सेमेटिक लिपि है, इसलिए सभी सेमेटिक लिपियों (फिनीशियन, हिब्रू, अरबी आदि) की तरह यह लिपि भी दाईं ओर से बाईं ओर लिखी जाती थी।

सेमेटिक लिपियाँ सेमेटिक परिवार की भाषाओं को लिखने के लिए ही उपयुक्त हैं। इनमें स्वरों के लिए चिह्न नहीं होते। फिर भी सेमेटिक लिपियों के आधार पर भारत-यूरोपीय परिवार की भाषाओं के लिए अनेक लिपियों का निर्माण हुआ है। प्राचीन ईरान की **पहलवी** लिपि का निर्माण आरमी लिपि के आधार पर हुआ था। फिर इसी पहलवी लिपि के आधार पर **अवेस्ता की लिपि** का निर्माण हुआ। दाईं ओर से बाईं ओर लिखी जाने-वाली खरोष्ठी लिपि का निर्माण भी आरमी (आरमाइक) लिपि के आधार पर हुआ है, 500 ई. पू. के आसपास। कुरोष (559-530 ई. पू.) एक प्रख्यात हख़ामनी शासक हुआ। खरोष्ठी शब्द की उत्पत्ति के बारे में एक मत यह है कि 'कुरोषी' से ही बिगड़कर यह 'खरोष्ठी' शब्द बना है।

दूसरे मत के अनुसार, खरोष्ठी शब्द 'खर-पोस्त' शब्द से बना है। 'खर' का अर्थ है 'गधा' और यह शब्द संस्कृत और प्राचीन ईरानी भाषा में भी मिलता है। 'पोस्त' शब्द का अर्थ है 'चमड़ा', और यह शब्द केवल प्राचीन ईरानी भाषा में मिलता है। इसी से फारसी का 'पुस्त' शब्द बना है। हमारा आधुनिक 'पुस्तक' शब्द भी इसी 'पोस्त' से बना है। अतः 'खर-पोस्त' का मूल अर्थ हुआ 'गधे का चमड़ा'। हमारे देश में चमड़े पर लिखने की परंपरा नहीं रही है। कुछ बौद्धग्रंथों में और सुबंधु के 'वासवदत्ता' ग्रंथ में यद्यपि चमड़े पर लिखने के उल्लेख मिलते हैं, परंतु ऐसी कोई सामग्री भारत से नहीं मिली है। लेकिन यूनान, पश्चिमी एशिया तथा मध्य एशिया में लिखने के लिए चर्मपटों का काफी इस्तेमाल हुआ है।

भारतीय लोग 'पोस्त' (चमड़ा) शब्द से अपरिचित थे, इसलिए उन्होंने इससे मिलता-जुलता 'ओष्ट' शब्द बना लिया होगा और इस प्रकार 'खर-पोस्त' से 'खरोष्ट' या 'खरोष्ठी' शब्द बना। एक ग्रंथ से जानकारी मिलती है कि पश्चिमोत्तर भारत के लोगों के एक प्रमुख देवता यक्ष खरपोस्त थे। मथुरा के एक लेख में युवराज खरौष्ट का नाम मिलता है।

सब बातों पर विचार करने से यही संभव जान पड़ता है कि यह खरोष्ठी (गधे के ओठवाली) शब्द खरपोस्त (गधे के चमड़ेवाली) से बना है। खरोष्ठी लिपि आरंभ में सचमुच ही गधे के चमड़े पर लिखी जाती होगी! जानकारी मिलती है कि पारसियों का प्रसिद्ध धर्मग्रंथ **जेंद-अवेस्ता** आरंभ में सोने की स्याही से बैल के चमड़े पर लिखा गया था। इसलिए गधे के चमड़े का भी लिखने के लिए इस्तेमाल हुआ हो, तो इसमें आश्चर्य की कोई बात नहीं है। उस समय आधुनिक कागज उपलब्ध नहीं था।

प्राचीन काल की सभी सेमेटिक लिपियों में केवल 22 अक्षर-चिह्न देखने को मिलते हैं। इनमें से केवल 'अलिफ्' अक्षर का स्वराक्षर के रूप में भी

इस्तेमाल होता था, शेष व्यंजनाक्षर थे। आरमी (आरमेई या आरमाइक) लिपि में भी यही व्यवस्था थी। स्पष्ट है कि भारत-यूरोपीय परिवार की भाषाओं को लिखने के लिए यह लिपि परिपूर्ण नहीं थी। इसमें कम-से-कम स्वराक्षरों तथा इनकी मात्राओं के लिए कुछ-न-कुछ इंतजाम करना जरूरी था। पहलवी, अवेस्ता, सोग्दी आदि जिन ईरानी भाषाओं के लिए आरमी लिपि को अपनाया गया, उनमें यह व्यवस्था की गई है। आरमी अक्षरों से खरोष्ठी अक्षरों को जन्म देते समय भी कुछ नए अक्षरों की आवश्यकता महसूस हुई।

खरोष्ठी लिपि का जन्म कुछ इस प्रकार हुआ :

समय लगभग 500 ई. पू.। उस समय ब्राह्मी लिपि जन्म ले चुकी थी और गांधार देश के लोग ब्राह्मी से परिचित थे। परंतु उस समय गांधार देश पर ईरान के हख़ामनी शासकों का अधिकार था और वहाँ राजकाज के लिए अधिकतर आरमी भाषा तथा लिपि का इस्तेमाल होता था। इसलिए गांधार देश के लोगों ने अपनी भाषा (प्राकृत) के लिए आरमी लिपि के आधार पर एक कामचलाऊ लिपि बना लेने का निर्णय किया।

आरमी लिपि में स्वरों के लिए चिह्न नहीं थे। सिर्फ 'अलिफ्' का चिह्न था, जिसका 'अ' के लिए भी इस्तेमाल होता था। खरोष्ठी लिपि के निर्माताओं ने आरमी लिपि के इस 'अलिफ्' को 'अ' अक्षर मान लिया। फिर इसी 'अ' अक्षर के साथ चार प्रकार की मात्राएँ जोड़कर उन्होंने 'इ', 'उ', 'ए' तथा 'ओ' स्वरों के लिए अक्षर बना लिए।

हमने देखा है कि ब्राह्मी लिपि में व्यंजनाक्षरों के साथ स्वरों की खड़ी या आड़ी छोटी मात्राएँ लगती हैं। खरोष्ठी के स्वराक्षर या उसकी स्वरमात्राएँ बनाने के लिए कुछ-कुछ इसी पद्धति का अनुसरण किया गया है। लेकिन खरोष्ठी लिपि के निर्माताओं ने 'आ', 'ई', 'ऊ', 'ऐ' तथा 'ऋ' स्वरों तथा इनकी मात्राओं के लिए संकेत नहीं बनाए। इसलिए खरोष्ठी में इन स्वरों तथा इनकी मात्राओंवाले व्यंजन नहीं मिलते।

खरोष्ठी, आधुनिक महाजनी लिपि की तरह, एक कामचलाऊ लिपि थी। ब्राह्मी की तरह यह एक परिपूर्ण वैज्ञानिक लिपि नहीं थी। ऐसी कामचलाऊ लिपि में कम-से-कम चिह्न होते हैं। खरोष्ठी लिपि में सिर्फ 'अ' के मूल चिह्न से शेष स्वरचिह्न बनाए गए हैं। आधुनिक गुजराती लिपि में भी मूल 'अ' के साथ मात्राएँ जोड़कर अे तथा अै जैसे स्वर बनाए गए हैं। कभी-कभी मराठी और हिंदी में भी अि, अी, अु, अू, अे तथा अै जैसे स्वराक्षरों का इस्तेमाल होता है। ब्राह्मी के आधार पर बनी हुई तिब्बती लिपि में 'अ' के साथ मात्राएँ जोड़कर अि, अु, अे और ओ जैसे स्वराक्षर बनाए गए हैं।

इस प्रकार, खरोष्ठी लिपि के निर्माताओं ने स्वराक्षरों के निर्माण में सूझ-बूझ एवं मितव्ययता का परिचय दिया। परंतु दीर्घ स्वरों के लिए चिह्न न बनाने से उनकी लिपि परिपूर्ण न हो सकी। खरोष्ठी में संयुक्ताक्षर भी बहुत कम मिलते हैं। कुछ संयुक्ताक्षरों को अब भी स्पष्ट नहीं पढ़ा जा सकता। कुछ व्यंजनाक्षर भी संदेहास्पद रह गए हैं। बाद के खरोष्ठी लेखों में 'न' और 'ण' में कोई भेद नहीं रह गया। इन्हीं सब न्यूनताओं के कारण खरोष्ठी लेखों को बड़ी कठिनाई से ही पढ़ा जा सकता है। कई पाठों में संदेह की स्थिति रह जाती है।

खरोष्ठी लिपि, आरमी लिपि की तरह, दाईं ओर से बाईं ओर लिखी जाती थी। सेमेटिक उत्पत्ति की सभी लिपियाँ इसी प्रकार लिखी जाती हैं। यूनानी लिपि फिनीशियन लिपि (एक सेमेटिक लिपि) के आधार पर बनी थी। इसलिए यूनानी के कुछ आरंभिक लेख दाईं ओर से बाईं ओर लिखे गए हैं। लेकिन बाद में यूनानी लिपि बाईं ओर से दाईं ओर लिखी जाने लगी, ब्राह्मी लिपि की तरह।

खरोष्ठी लिपि का निर्माण पश्चिमोत्तर भारत की प्राकृत बोली को लिपिबद्ध करने के लिए हुआ था। इसलिए सभी खरोष्ठी लेखों की भाषा प्राकृत है। चीनी तुर्किस्तान से एक काष्ठ-पट्टिका पर खरोष्ठी लिपि में संस्कृत के चार श्लोक भी मिले हैं। परंतु जैसा कि हम जानते हैं, यह लिपि संस्कृत भाषा के लिए उपयुक्त नहीं थी। उपयुक्त तो यह प्राकृत के लिए भी नहीं थी। बस, यह एक कामचलाऊ लिपि थी।

खरोष्ठी की वर्णमाला सरल है और इसे आसानी से सीखा जा सकता है। पर कठिनाई यह हैं कि एक सदी के भी सभी खरोष्ठी लेखों के अक्षर समान नहीं हैं। अशोक के मानसेहरा और शाहबाजगढ़ी के लेखों के अक्षरों में ही काफ़ी अंतर है। बाद के खरोष्ठी लेखों के अक्षरों में और भी अधिक अंतर है। इसलिए एक ही अक्षर के केवल एक ही चिह्न को देने से खरोष्ठी के सभी लेखों को नहीं पढ़ा जा सकता है। हमने खरोष्ठी लेखों के जो नमूने दिए हैं, उनके साथ देवनागरी लिप्यंतरण भी दिया है। तक्षशिला से प्राप्त रजतपत्र पर अंकित लेख तथा इसके लिप्यंतरण की सहायता से खरोष्ठी के अक्षरों की कुछ पहचान हो सकती है।

अब हम संक्षेप में देखेंगे कि खरोष्ठी में कौन-कौन-से प्रमुख लेख मिले हैं।

ईरान के हख़ामनी सम्राटों के, ईसा पूर्व चौथी सदी के, कुछ भद्दे-से सिक्के मिले हैं। इन पर कहीं-कहीं खरोष्ठी के अक्षर देखने को मिलते हैं। परंतु इन सिक्कों के बारे में हमारी जानकारी अभी काफ़ी अधूरी है।

खरोष्ठी लिपि के प्राचीनतम उपलब्ध लेख हैं—**अशोक** (272-232 ई.

पू.) के **मानसेहरा** (हजारा जिला, पाकिस्तान) और **शाहबाजगढ़ी** (पेशावर जिला) के चतुर्दश शिलालेख। अशोक के समय में गांधार देश में खरोष्ठी लिपि का ही अधिक प्रचलन था, इसलिए अशोक ने उस प्रदेश के अपने ये लेख खरोष्ठी में खुदवाए। यहाँ हम शाहबाजगढ़ी के सप्तम शिलालेख की अनुकृति लिप्यंतरण के साथ दे रहे हैं (चित्र 26-2)।

अशोक के समय में पश्चिम भारत की प्राकृत भाषा पश्चिमोत्तर भारत की प्राकृत से थोड़ी भिन्न थी। फिर भी यह जानकारी रोचक होगी कि खरोष्ठी जैसी अपूर्ण लिपि के कारण इस प्राकृत की कैसी 'दुर्दशा' हो गई है। नीचे हम अशोक के गिरनार लेख का सातवाँ शिलालेख दे रहे हैं। चित्र 26-2 के सामने दिए गए शाहबाजगढ़ी के खरोष्ठी लेख के लिप्यंतरण के साथ इसकी तुलना करके देखिए :

देवानंपियो पियदसि राजा सर्वत इछति सवे पासंडा वसेयु.
सवे ते सयमं च भावसुधिं च इछति. जनो तु उचावचछंदो उचावचरागो.
ते सर्वं व कासंति एकदेसं व कसंति. विपुले तु पि दाने यस नास्ति.
सयमे भावसुधिता व कतंञता व दढभतिता च निचा बाढं.

अशोक के दक्षिण भारत के ब्राह्मी लेखों का निरीक्षण करने पर हम इस निर्णय पर पहुँचते हैं कि इन्हें उत्तर भारत के उन लिपिकरों ने खोदा है जो खरोष्ठी लिपि के जानकार थे। अशोक के सिद्धापुर (ब्रह्मगिरि, कर्णाटक) लेख की अंतिम पंक्ति में ब्राह्मी लिपि के 'चपडेन लिखिते' शब्दों के बाद 'लिपिकरेण' शब्द खरोष्ठी में लिखा गया है (चित्र 26-1)। इस लेख का लिपिकर **चपड** या **पड** निश्चय ही खरोष्ठी लिपि का जानकार था और वह पश्चिमोत्तर भारत का निवासी रहा होगा।

अशोक के येर्रागुड़ी (कुर्नूल जिला, आंध्र प्रदेश) के ब्राह्मी लेख की कुछ पंक्तियाँ खरोष्ठी की तरह दाईं ओर से बाईं ओर लिखी गई हैं। अतः लगता है कि इस लेख का लिपिकर भी खरोष्ठी का अभ्यस्त रहा होगा। अशोक के सहसराम लेख में कुछ ब्राह्मी अक्षर उलटे लिखे गए हैं। अतः हम इस परिणाम पर पहुँचते हैं कि अशोक द्वारा नियुक्त अधिकांश लिपिकर पश्चिमोत्तर भारत के निवासी थे।

अशोक के साम्राज्य के विखंडन के बाद, 200 ई. पू. के आसपास, बाख्त्रिया के यूनानी शासक पश्चिमोत्तर भारत पर अधिकार कर लेते हैं। इन्हें हम **हिंद-यवन** शासक के नाम से जानते हैं। इनके बहुत सारे सिक्के मिले हैं। इनके यूनानी पद्धति के सिक्कों पर राजा व देवी-देवता की आकृति तथा यूनानी लिपि में लेख अंकित हैं। परंतु जब पश्चिमोत्तर भारत में इनका शासन शुरू हुआ, तो इन्होंने अपने सिक्कों पर खरोष्ठी लेख भी खुदवाए। एक तरफ यूनानी में लेख है और दूसरी तरफ खरोष्ठी में। इन

सिक्कों पर अक्सर यूनानी भाषा व लिपि के 'बेसिलियस बेसिलियन' शब्दों के बाद राजा का नाम अंकित रहता है। दूसरी तरफ इसी का प्राकृत-खरोष्ठी रूपांतर होता है—"महरजस रजतिरजस···" (महाराजस्य राजाति-राजस्य···)। देखिए, चित्र 26-3 में हिंद-यवन शासक **मिनांदर** के एक सिक्के पर अंकित खरोष्ठी लेख। ऐसे ही द्विभाषिक सिक्कों के अध्ययन से खरोष्ठी लिपि का उद्घाटन हुआ है। पहले-पहल हिंद-यवनों के इन्हीं भारतीय सिक्कों पर हमें लेख देखने को मिलते हैं।

भारतीय इतिहास के लिए इन सिक्कों का बड़ा महत्त्व है। करीब बीस हिंद-यवन शासकों के बारे में हमारी अल्प जानकारी सिर्फ उनके सिक्कों पर ही आधारित है।

इन हिंद-यवनों के बाद पश्चिमोत्तर भारत में शकों का शासन आरंभ हुआ। इनके बारे में मुख्यतः सिक्कों से ही जानकारी मिलती है। देखिए चित्र 26-4 में शक शासक **मोअ** के एक सिक्के पर अंकित खरोष्ठी लेख।

ईसा पूर्व दूसरी सदी में पश्चिमोत्तर भारत के **औदुंबर** और **कुणिंद** जैसे गणराज्यों ने अपने सिक्कों पर खरोष्ठी में लेख अंकित किए हैं।

शक क्षत्रपों के शासनकाल के पश्चिमोत्तर भारत से बहुत सारे खरोष्ठी लेख मिले हैं। इनमें मथुरा और तक्षशिला से प्राप्त लेख बड़े महत्त्व के हैं। तक्षशिला के धर्मराजिका स्तूप से रजतपत्र पर खरोष्ठी का एक लेख मिला है (देखिए, चित्र 27)। यह लेख बिंदु-बिंदु से खोदा गया है, जैसे कि आजकल भांडे-बर्तनों पर नाम खोदे जाते हैं।

कुषाणकाल के भी अनेक खरोष्ठी लेख मिले हैं। लेकिन ईसा की तीसरी सदी के बाद भारत से खरोष्ठी के लेख नहीं मिलते। खरोष्ठी का स्थान ब्राह्मी लिपि ले लेती है।

किंतु आगे दो-तीन सदियों तक यह लिपि मध्य एशिया में जीवित रही। चीनी तुर्किस्तान के खोतन, निया, लोन्-लन् आदि स्थानों से खरोष्ठी के बहुत-से लेख मिले हैं। इन लेखों के अध्ययन से मध्य एशिया के इतिहास पर नया प्रकाश पड़ा है और मध्य एशिया के साथ भारत के सांस्कृतिक संबंधों के बारे में नई जानकारी मिली है।

मध्य एशिया के खोतन स्थान से 1892 ई. में खरोष्ठी लिपि में **धम्मपद** की भोजपत्रों पर लिखी हुई एक खंडित प्रति भी मिली है। इस धम्मपद की भाषा प्राकृत है। यह वह प्राकृत है जो पश्चिमोत्तर भारत में बोली जाती थी। मूल धम्मपद मागधी प्राकृत में है। खरोष्ठी लिपि में धम्मपद की जो हस्तलिपि मिली है वह ईसा की दूसरी सदी की है।

मध्य एशिया से ईसा की पाँचवीं सदी तक के खरोष्ठी अभिलेख मिले हैं। 668 ई. में लिखे गए एक चीनी बौद्ध विश्वकोश **फा-वान्-शु-लिन्** में

ब्राह्मी तथा खरोष्ठी लिपियों के बारे में जानकारी मिलती है। इसमें खरोष्ठी के बारे में लिखा है—''किअ-लु (खरोष्ठ) की लिपि दाईं ओर से बाईं ओर को पढ़ी जाती है।...ब्रह्मा और खरोष्ठ भारतवर्ष में हुए।''

इस उल्लेख से स्पष्ट होता है कि 668 ई. तक खरोष्ठी लिपि कम-से-कम मध्य एशिया में जीवित थी और चीनी लोगों को इसकी जानकारी थी। लेकिन उसके बाद यह लिपि मर गई। खरोष्ठी ने किसी दूसरी लिपि को जन्म नहीं दिया। लेकिन हमें यह सदैव स्मरण रखना चाहिए कि इस लिपि ने लगभग एक हजार साल तक भारतीय संस्कृति की सेवा की है।

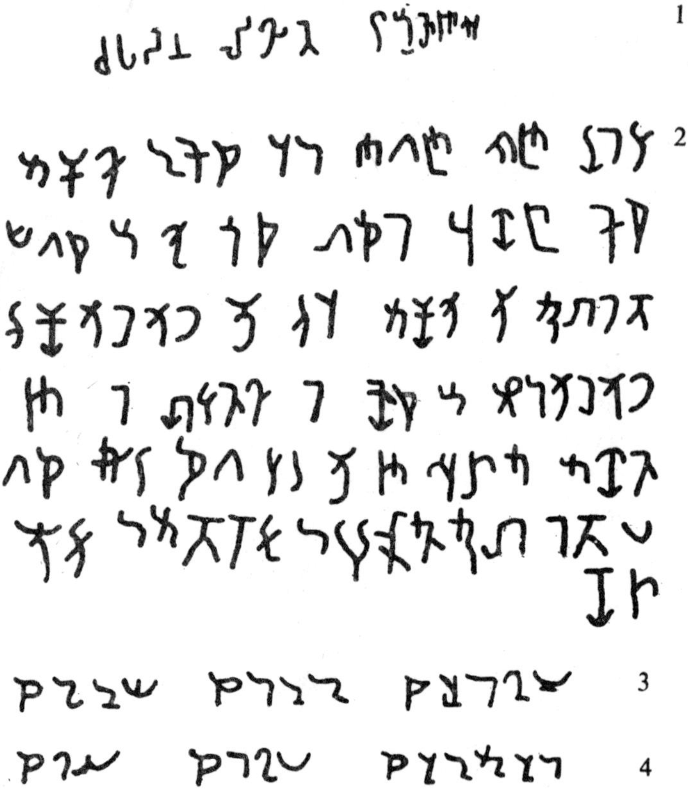

1

2

3

4

चित्र 26

लिप्यंतरण :

1. अशोक के सिद्धापुर (ब्रह्मगिरि, कर्णाटक) ब्राह्मी लेख की अंतिम पंक्ति :

जिसमें बाईं ओर के दो शब्द **चपडेन लिखिते** ब्राह्मी लिपि में हैं और दाईं ओर का अंतिम शब्द **लिपिकरेण** खरोष्ठी लिपि में है, जिसके अक्षर दाईं ओर से बाईं ओर पढ़े जाएँगे ।

2. अशोक का शाहबाजगढ़ी का मानवाँ शिलालेख । दाईं ओर से बाईं ओर यह लेख पढ़ा जाएगा (पंक्तिबद्ध) :

देवनं प्रियो प्रियशि रज सव्रत्र इछति
सव्र प्रषंड वसेयु सवे हि ते सयमे
भवशुधि च इछंति जनो चु उचवुचछंदो
उचवुचरगो ते सव्रं व एकदेशं व पि
कषंति विपुले पि चु दने यस नस्ति सय-
म भव शुधि किट्रञत द्रिढभतित निचे
पढं

3. हिंद-यवन शासक मिनांदर के सिक्के पर अंकित खरोष्ठी लेख :

महरजस त्रतरस मेनंद्रस

4. पश्चिमोत्तर भारत के शक शासक मोअ के सिक्के पर अंकित खरोष्ठी लेख :

रजतिरजस महतस मोअस

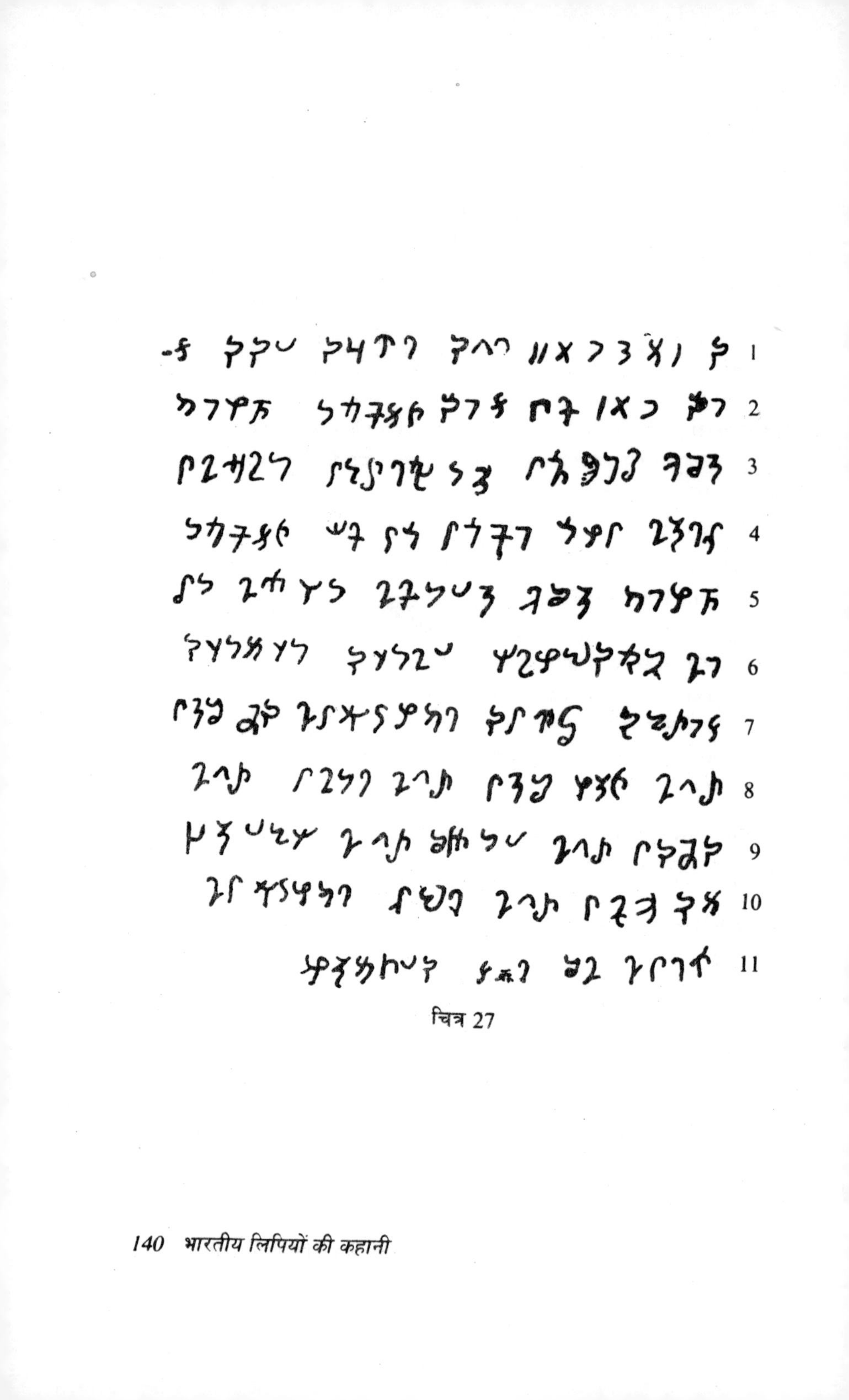

चित्र 27

लिप्यंतरण :

1. तक्षशिला के धर्मराजिका स्तूप से प्राप्त रजतपत्र पर अंकित खरोष्ठी लेख । मूल लेख में पाँच पंक्तियाँ हैं और यह बिंदु-बिंदु से अंकित किया गया है (जैसे बर्तनों पर नाम अंकित किए जाते हैं) ।

यह लेख दाईं ओर से बाईं ओर पढ़ा जाएगा :

1. स 1 100 20 10 4 2 अयस अषडस मसस दि-

2. वसे 10 4 1 इश दिवसे प्रदिस्तवित भगवतो

3. धतुओ उर स केन लोतफ्रिअपुत्रन बहलिएन

4. नोअचए नगरे वस्तवेन तेन इमे प्रदिस्तवित

5. भगवतो धतुओ धमरइए तछशि (ल) ए तनु-

6. वए बोधिसत्वगहमि महरजस रजतिरजस

7. देवपुत्रस खुषनस अरोगदछिहनए सर्व बुधन

8. पुयए प्रचग बुधन पुयए अरह (त) न पुयए

9. सर्वसन पुयए मतपितु पुयए मित्रमचञ्ञ-

10. तिस लोहिन पुयए अत्वनो अरोगदछिनए

11. निवनए होतु अ (य) दे समपरिचगो

अरबी-फारसी लिपि

हम पहले कई बार बता चुके हैं कि वर्तमान भारत की सभी लिपियाँ प्राचीन ब्राह्मी लिपि से विकसित हुई हैं। लेकिन भारत में एक और लिपि का प्रचलन है जिसका इस्तेमाल उर्दू, कश्मीरी तथा सिंधी भाषाओं के लिए होता है। यह है—अरबी-फारसी लिपि। रोमन लिपि की तरह अरबी-फारसी लिपि एक जीवित लिपि है और संसार के अनेक देशों में इसका व्यवहार होता है। इसलिए इस लिपि की उत्पत्ति एवं विकास के बारे में कुछ जानकारी प्राप्त करना लाभप्रद होगा।

अरबी-फारसी लिपि को **अरबी लिपि** कहना बेहतर होगा, क्योंकि मूलतः यह अरबी भाषा की लिपि है। फारसी और संसार की अन्य अनेक भाषाओं के लिए इस अरबी लिपि को कुछ हेर-फेर के साथ अपनाया गया है।

इस्लामी परंपरा का कहना है कि अरबी लिपि का निर्माण मुहम्मद पैगंबर (570-632 ई.) के परिवार के किसी व्यक्ति ने क़िया था। पर हम जानते हैं कि अरबी लिपि मुहम्मद साहब के पहले ही अस्तित्व में आ चुकी थी। अरबी भाषा भी पहले से मौजूद थी।

अरबी भाषा सेमेटिक भाषा-परिवार की है। सेमेटिक भाषा-परिवार को मुख्यतः दो वर्गों में बाँटा जाता है—पूर्वी वर्ग और पश्चिमी वर्ग। पूर्वी सेमेटिक वर्ग की बेबीलोनी-असीरी भाषाएँ मर गई हैं। पश्चिमी सेमेटिक वर्ग की कनानी, फिनीशियन आदि भाषाएँ भी मर गई हैं। इनमें से प्राचीन हिब्रू भाषा को इजराइल में पुनः नया जीवन दिया जा रहा है।

पश्चिमी सेमेटिक भाषा-वर्ग को पुनः दो उपवर्गों में बाँटा गया है—उत्तरी और दक्षिणी। उत्तरी सेमेटिक उपवर्ग की अनेक बोलियों से 800 ई. पू. के आसपास आरमी भाषा ने जन्म लिया। हम बता चुके हैं कि लगभग एक हजार वर्ष तक संपूर्ण पश्चिमी एशिया में आरमी भाषा तथा लिपि का साम्राज्य रहा है।

अरबी भाषा दक्षिणी सेमेटिक उपवर्ग की भाषा है। पुरातन अरबी भाषा का प्राचीनतम उपलब्ध लेख 328 ई. का है। यह लेख सीरिया के

एन्-निमराह स्थान से मिला है। लेकिन मुहम्मद पैगंबर के बाद यह अरबी भाषा इस्लामी धर्म एवं शासन की प्रमुख भाषा बनी और दूर-दूर तक इसे अपनाया गया। इस्लाम के साथ-साथ कई देशों में अरबी भाषा और अरबी लिपि को भी अपनाया गया। जिस प्रकार अरबी के पहले आरमी भाषा एवं लिपि का दूर-दूर तक इस्तेमाल होता था, उसी प्रकार अरबी भाषा और लिपि भी इस्लामी जगत की अंतर्राष्ट्रीय भाषा एवं लिपि बन गई। जिस प्रकार आरमी लिपि के आधार पर अन्य भाषाओं के लिए नई-नई लिपियों का निर्माण हुआ, उसी प्रकार अरबी लिपि के अक्षरों में कुछ हेर-फेर करके और कुछ नए अक्षर जोड़कर अन्य अनेक भाषाओं के लिए अरबी-जैसी लिपियाँ अस्तित्व में आईं। इस दृष्टि से अरबी लिपि संसार की एक प्रमुख लिपि है।

यहाँ 'सेमेटिक' शब्द की उत्पत्ति के बारे में जानना उपयोगी होगा। बाइबिल के उल्लेख के अनुसार हज़रत नूह (नोहा) के दो बेटे थे—शेम और हेम। इन्हीं दो भाइयों के नाम पर पश्चिमी एशिया के दो प्रमुख भाषा-परिवारों का नामकरण हुआ है। हेम के नाम पर प्राचीन मिस्र की भाषा तथा कुछ अन्य भाषाओं को **हेमेटिक** (हामी) भाषाएँ कहा जाता है। और, शेम के नाम पर पश्चिमी एशिया की भाषाओं एवं बोलियों को सेमेटिक (सामी) भाषाओं का नाम दिया गया है।

सेमेटिक भाषाओं की लिपियों को हम सेमेटिक लिपियों के नाम से जानते हैं। 1000 ई. पू. के आसपास पश्चिमी एशिया के समुद्र-तटवर्ती प्रदेशों में सेमेटिक व्यंजनमालाएँ अस्तित्व में आ चुकी थीं। इन्हें 'व्यंजनमालाएँ' इसलिए कहते हैं कि इनमें स्वराक्षर नहीं थे। दरअसल, सेमेटिक भाषाओं का स्वरूप कुछ इस प्रकार का है कि इनके लिए स्वराक्षरों की विशेष जरूरत नहीं होती। आरंभिक सेमेटिक व्यंजनमालाओं में 22 अक्षर-संकेत थे। सेमेटिक लिपियों की सबसे बड़ी विशेषता यह है कि ये दाईं ओर से बाईं ओर लिखी जाती रही हैं। अरबी लिपि भी एक सेमेटिक लिपि है।

अरबी लिपि ईसा की आरंभिक सदियों में नबाती, नव-सिनाई, पालमीरी आदि लिपियों के मेल-जोल से अस्तित्व में आई। इन नबाती, पालमीरी आदि लिपियों का निर्माण आरमी लिपि के आधार पर हुआ था। नबाती लोग अरबी भाषा बोलते थे और ईसवी सन् के आरंभ के आसपास पश्चिमी एशिया में इनका शासन था। सीरिया व मेसोपोटामिया के व्यापारी मार्ग पर पालमीरा एक प्रसिद्ध नगर था। नबाती और पालमीरी लेखों में ही हमें अरबी लिपि का आरंभिक रूप देखने को मिलता है।

आरंभिक अरबी लिपि के लेख अलेप्पो और दमिश्क से मिले हैं। ये

लेख ईसा की पाँचवीं-छठी सदी के हैं। इनमें से कुछ लेख द्विभाषिक (यूनानी व अरबी) और त्रैभाषिक (अरबी, यूनानी और सीरियाई) भी हैं।

लेकिन अरबी लिपि का अधिक प्रचार-प्रसार हुआ इस्लाम की स्थापना के बाद। यह इस्लामी शासन और इस्लाम के धर्मग्रंथ कुरान की लिपि बनी। पश्चिमी एशिया के दमिश्क, बसरा, कुफा, बगदाद आदि शासन-केंद्रों तथा विद्याकेंद्रों में इस अरबी लिपि का अधिक विकास हुआ। अरबी लिपि की दो शैलियाँ अस्तित्व में आईं—**कुफ़ी** और **नस्ख़**।

इस्लाम के अनुयायी का यह एक परम कर्त्तव्य माना जाता है कि वह कुरान पढ़े और इस धर्मग्रंथ की कम-से-कम एक प्रति अपने घर में रखे। इसलिए बड़ी संख्या में कुरान की प्रतिलिपियाँ तैयार की जाती रहीं। कुफ़ी लिपि सुंदर है, परंतु इस लिपि में लिखे गए कुरान को शुद्ध नहीं पढ़ा जा सकता। इसलिए अरबी लिपि की एक नई शैली को जन्म दिया गया, जिसे **नस्ख़** लिपि कहते हैं। नस्ख़ शब्द का अर्थ होता है 'नकल उतारना'। इस लिपि में कुरान की प्रतिलिपियाँ सुविधा से तैयार की जा सकती हैं, इसीलिए इसे नस्ख़ नाम दिया गया। कुफ़ी और नस्ख़ लिपियाँ इस्लामी शासन के आरंभकाल में अस्तित्व में आ चुकी थीं।

मुहम्मद पैगंबर के बाद, करीब सौ साल के भीतर ही, सिंधु नदी से लेकर स्पेन तक इस्लामी शासन का विस्तार हुआ। इस्लामी शासन के साथ अरबी लिपि का भी प्रचार-प्रसार हुआ। खलीफाओं के शासनकाल में अनेक भारतीय एवं यूनानी ग्रंथों का अरबी में अनुवाद हुआ। स्पेन के अरबों (मूरों) ने वहाँ अनेक विद्याकेंद्रों की स्थापना की। यूरोप के विद्वान इन विद्याकेंद्रों में पहुँचने लगे। इस प्रकार, अरबी भाषा और लिपि के माध्यम से यूरोप के विद्वानों को भारतीय एवं यूनानी विद्या के बारे में जानकारी मिली। अरबी लिपि को स्पेनी भाषा के लिए भी अपनाया गया था। इसे तुर्की और हिब्रू भाषाओं के लिए भी अपनाया गया था। अरबी लिपि को उत्तरी अफ्रीका की बेर्बेर, सुदानी, स्वाहिली आदि भाषाओं के लिए भी अपनाया गया है।

ईरान में जब इस्लामी शासन की नींव पड़ी तो इस लिपि को फारसी भाषा के लिए अपनाया गया। फारसी भाषा प्राचीन पारसी भाषा से विकसित हुई है और यह भारत-यूरोपीय परिवार की भाषा है। इस्लामी शासन के पहले ईरान में **पहलवी-सासानी लिपि** का व्यवहार होता था। ये लिपियाँ आरमी लिपि के आधार पर बनाई गई थीं।

अरबी लिपि में 28 व्यंजनाक्षर थे। लेकिन इतने व्यंजनाक्षरों से भारत-यूरोपीय परिवार की फारसी भाषा की सारी ध्वनियों को व्यक्त करना संभव नहीं था। अतः फारसी के लिए अरबी लिपि को अपनाते समय इसमें

'प', 'च', 'ज़्ह' तथा 'ग' की ध्वनियों के लिए नए अक्षर-संकेतों की व्यवस्था की गई। इस नई लिपि में स्वराक्षरों के लिए भी कुछ व्यवस्था की गई। इस प्रकार एक नई लिपि बनी, जिसे हम **अरबी-फारसी लिपि** कहते हैं। फारसी भाषा भारत-यूरोपीय परिवार की भाषा होने पर भी आज इसमें अरबी शब्दों की भरमार है। ईरानी परिवार की पश्तो भाषा भी कुछ परिवर्धित अरबी लिपि में लिखी जाती है।

ईसा की तेरहवीं सदी से भारत में जब इस्लामी शासन आरंभ हुआ तो यहाँ अरबी लिपि का प्रचार-प्रसार हुआ। भारत से अरबी लिपि की सभी शैलियों के अभिलेख मिलते हैं। दिल्ली में कुतुबमीनार के पास के सुलतान इल्तुतमिश (1210-36 ई.) के मकबरे में सुंदर कुफ़ी लिपि का लेख देखा जा सकता है। हमारे देश में अरबी और अरबी-फारसी लिपियों में हजारों पुस्तकें लिखी गईं।

सुलेखन के लिए 13 वीं सदी में अरबी लिपि की एक नई शैली को जन्म दिया गया था। इसे **नस्तालिक** लिपि कहते हैं। इसी नस्तालिक लिपि की घसीट शैली को **शिकस्ता** लिपि कहते हैं। भारत में इन दो लिपि-शैलियों का विशेष प्रचार हुआ।

उर्दू भाषा हिंदी की एक शैली है। उर्दू में अरबी-फारसी के शब्द कुछ अधिक हैं, परंतु मूलतः यह भारत-यूरोपीय परिवार की भाषा है; यह सेमेटिक परिवार की भाषा नहीं है। लेकिन प्राचीन काल में जिस प्रकार प्राकृत भाषा के लिए आरमी लिपि के आधार पर खरोष्ठी लिपि को जन्म दिया गया था, उसी प्रकार इस्लामी शासनकाल में उर्दू भाषा के लिए अरबी-फारसी लिपि को अपनाया गया। अरबी-फारसी लिपि को अपनाते समय इसमें कुछ ध्वनियों के लिए अक्षर बढ़ा दिए गए और स्वरों के लिए 'जेर', 'जबर', 'पेश' का सहारा लिया जाता है। इस लिपि को कुछ हेर-फेर के साथ कश्मीरी तथा सिंधी भाषाओं के लिए भी अपनाया गया है।

इस प्रकार, हम देखते हैं कि अरबी लिपि संसार की एक प्रमुख लिपि है। संसार के अनेक देशों में अरबी लिपि या इससे निर्मित लिपियों का इस्तेमाल होता है। इस दृष्टि से अरबी लिपि को हम संसार की एक अंतर्राष्ट्रीय लिपि मान सकते हैं। हाँ, यह सभी स्वीकार करते हैं कि आधुनिक विकसित जीवन के लिए यह लिपि सुविधाजनक नहीं है। टर्की ने अरबी लिपि को छोड़ दिया है। ईरान में भी इस लिपि को छोड़ देने के लिए आंदोलन होते रहते हैं।

भारत की उर्दू, सिंधी या कश्मीरी भाषाओं के लिए अरबी पर आधारित इस लिपि को ढोते चलने की जरूरत नहीं है। जिस प्रकार प्राचीन काल में कामचलाऊ खरोष्ठी लिपि को छोड़कर ब्राह्मी लिपि को अपनाया गया था, उसी प्रकार इस अपूर्ण अरबी-फारसी लिपि के स्थान पर एक सर्वमान्य

लिपि को अपनाया जा सकता है । लेकिन हमें सदैव स्मरण रखना चाहिए कि इस अरबी-फारसी लिपि ने सदियों तक भारतीय संस्कृति की सेवा की है । प्राचीन अभिलेखों को पढ़ने के लिए ब्राह्मी की तरह हमें अरबी-फारसी लिपि के ज्ञान की बड़ी जरूरत है और यह जरूरत बनी रहेगी ।

लेखन-सामग्री व लेखन-पद्धति

आज सारे संसार में लेखन तथा मुद्रण के लिए मुख्यतः कागज का इस्तेमाल होता है। छपाई के लिए तरह-तरह की मशीनें हैं। अब संसार की सभी प्रमुख लिपियों के टाइप बन चुके हैं तेजी से छपाई होती है। अब प्रेसवाले चाहते हैं कि उन्हें हाथ से लिखी हुई नहीं बल्कि टाइप की हुई पांडुलिपि मिले। अब संसार की प्रायः सभी प्रमुख लिपियों के टाइप-राइटर भी बन चुके हैं। अब तो कंप्यूटरों पर आधारित फोटो-कंपोजिंग प्रणालियाँ भी अस्तित्व में आ गई हैं।

ऐसी स्थिति में हमारे आज के विद्यार्थी समझ नहीं पाते कि पुराने जमाने में पुस्तकें किस प्रकार लिखी जाती थीं और लिखने के लिए किन साधनों का इस्तेमाल होता था। अतः प्रस्तुत प्रकरण में हम इन्हीं सब बातों की संक्षिप्त जानकारी दे रहे हैं। सबसे पहले हम प्राचीन काल की लेखन-सामग्री की चर्चा करेंगे।

ईसा की पहली सदी में **कागज़** का आविष्कार चीन में हुआ। ठप्पों की छपाई का आविष्कार भी चीन में ही हुआ था। चीन के कागज़ की जानकारी मध्य एशिया में पहुँची। मध्य एशिया के कुछ स्थानों से कागज़ पर लिखे हुए ईसा की पाँचवी सदी के कुछ हस्तलेख मिले हैं।

मध्य एशिया के साथ भारत के गहरे संबंध थे, इसलिए भारत के कुछ पंडितों को भी कागज़ की जानकारी होगी। लेकिन हमारे देश से कागज़ पर लिखी हुई प्राचीन पुस्तकें नहीं मिलतीं। भारत या नेपाल से कागज़ पर लिखी हुई जो पुस्तकें मिली हैं, वे ईसा की दसवीं सदी के बाद की हैं।

भारतीय लोगों को कागज़ की जानकारी होने पर आरंभ में इसका अधिक इस्तेमाल इसलिए नहीं हुआ कि उस जमाने के हाथ के बने कागज़ पर स्याही बड़ी आसानी से फैल जाती थी। इसलिए भारत के लेखक मुख्यतः ताड़पत्रों और भोजपत्रों पर ही लिखते रहे। वैसे, यूनानी लेखकों के विवरणों से जानकारी मिलती है कि ईसा पूर्व चौथी सदी में भारत के लोग रुई को कूटकर कागज़ बनाते थे। परंतु भारत के प्राचीन साहित्य में ऐसे कागज़ के

बारे में कोई जानकारी नहीं मिलती।

आज से करीब पाँच हजार साल पहले प्राचीन मिस्र में पेपीरस पौधे की छाल से एक प्रकार का कागज़ बनने लग गया था। **पेपीरस-कागज़** पर लिखी हुई अनेक पुस्तकें मिली हैं। 'पेपर' शब्द 'पेपीरस' से ही बना है। यूनानी भाषा के ग्रंथ भी इसी पेपीरस कागज़ पर लिखे गए थे। यूनानवाले अपनी पुस्तकें चर्मपटों पर भी लिखते थे। प्राचीन मेसोपोटामिया के अधिकांश लेख मिट्टी के फलकों पर उकेरे गए हैं। मेसोपोटामिया के कुछ प्राचीन नगरों से उत्कीर्ण मिट्टी के फलकों के ग्रंथालय भी मिले हैं।

हमारे देश से जो सबसे प्राचीन लेख मिले हैं, वे सिंधु सभ्यता के हैं। ये संक्षिप्त लेख सेलखड़ी, हाथीदाँत या चीनी-मिट्टी की मुहरों पर उत्कीर्ण हैं। सिंधु लिपि के कुछ लेख मिट्टी के बर्तनों पर भी मिले हैं। सिंधु सभ्यता के लोग अपने लंबे लेखों के लिए किसी अन्य साधन का भी इस्तेमाल करते होंगे। पर ऐसे लंबे लेख अभी तक नहीं मिले हैं।

अशोक के सारे लेख पत्थरों पर खोदे गए हैं। लेकिन उस समय भी ऐसी कोई चीज़ अवश्य रही होगी जिस पर पुस्तकें या राजाज्ञाएँ लिखी जाती थीं। लगता है कि हमारे देश में प्राचीन काल में भूर्जपत्रों और ताड़पत्रों का ही लेखन के लिए सबसे अधिक इस्तेमाल हुआ है।

हिमालय-प्रदेश में **भूर्ज** नामक वृक्ष बड़ी संख्या में पाए जाते हैं। **भूर्जपत्र** इसी वृक्ष की छाल से तैयार किए जाते थे। करीब एक मीटर लंबी छाल को काटकर इसे तेल लगाकर शंख आदि से खूब घोटा जाता था। जब भूर्जपत्र चिकना हो जाता, तो लेखक सुविधानुसार इसे काट लेते थे। भूर्जपत्र के बीच में छेद बनाकर डोरी डालने के लिए जगह छोड़ दी जाती थी। कई पत्रों के बीच में डोरी डालकर ऊपर-नीचे लकड़ी की तख्तियाँ जोड़ देने से भूर्जपत्रों की पुस्तक तैयार हो जाती थी।

खुली हवा में भूर्जपत्र अधिक दिनों तक नहीं टिक पाते, इसलिए भूर्जपत्रों पर लिखी हुई अधिक प्राचीन पुस्तकें नहीं मिली हैं। भूर्जपत्रों की प्राचीन पुस्तकें मुख्यतः बौद्ध स्तूपों से मिली हैं। खोतन (मध्य एशिया) से मिली हुई प्राकृत **धम्मपद** की पुस्तक, जो भूर्जपत्रों पर खरोष्ठी लिपि में लिखी गई है, ईसा की दूसरी सदी की है। भूर्जपत्रों पर लिखी हुई अधिकांश उपलब्ध पुस्तकें मुश्किल से छह-सात सौ साल पुरानी हैं।

ताड़पत्र का भी यही हाल है। यह गर्म प्रदेश में अधिक दिनों तक नहीं टिक पाता। यही कारण है कि दक्षिण भारत में ताड़पत्रों पर अधिक पुस्तकें लिखी जाने पर भी ताड़पत्रों की अधिक पुरानी हस्तलिपियाँ हमें नेपाल और तिब्बत से मिली हैं। जापान के होर्युजी विहार में रखी हुई 'उष्णीषविजय-धारणी' नामक हस्तलिपि, जो 600 ई. के आसपास की भारतीय लिपि में

लिखी गई है, ताड़पत्रों पर है। नेपाल और तिब्बत से ताड़पत्रों पर लिखी हुई अनेक पुस्तकें मिली हैं।

दक्षिण भारत में पाए जानेवाले ताड़ के पेड़ के पत्रों से ताड़पत्र तैयार किए जाते थे। ये ताड़पत्र काफ़ी बड़े होते हैं। पहले इन ताड़पत्रों को सुखा दिया जाता था। फिर इन्हें पानी में भिगोया जाता या उबाला जाता था। बाद में इन्हें सुखाकर किसी चिकनी चीज़ से खूब घोटा जाता था। फिर इनसे आवश्यक आकार के पत्रे तैयार कर लिए जाते थे।

भूर्जपत्रों पर केवल स्याही से ही लिखा जाता था। इसलिए लिखते समय भूर्जपत्र के फटने का कोई डर नहीं रहता। इस पर सीधी रेखाओंवाले अक्षर भी लिखे जा सकते हैं। लेकिन ताड़पत्रों पर, विशेषतः दक्षिण भारत में, लोहे की शलाका से अक्षर कुरेदे जाते थे और तदनंतर इस पर काजल का चूर्ण फैला दिया जाता था। इस प्रकार ताड़पत्र पर काले अक्षर बन जाते थे।

ताड़पत्र पर शलाका से सीधी रेखाएँ खींचने से इसके फट जाने की संभावना रहती है। इसलिए ताड़पत्रों पर लिखी गई हस्तलिपियों के अक्षर अधिकाधिक गोलाकार बनते गए। यही वजह है कि दक्षिण भारत की लिपियों के अक्षर गोलाकार बन गए हैं। सिंहल लिपि के अक्षर भी गोलाकार हैं। वैसे, ताड़पत्रों पर स्याही से भी लिखा जाता था। ताड़पत्रों के बीच में छेद करके और उनमें डोरी डालकर पुस्तकें तैयार की जाती थीं। ऊपर-नीचे लकड़ी के पट्टे रहते थे। ऐसी पुस्तकों की डोरियाँ ढीली करके पत्रों को आसानी से पढ़ा जा सकता है।

भूर्जपत्रों और ताड़पत्रों पर लिखे हुए हस्तलेख अधिक दिनों तक नहीं टिक सकते, परंतु पत्थरों पर खोदे गए लेख लंबे समय तक टिकते हैं। शिलाओं पर खोदे गए भारत के सबसे पुराने लेख सम्राट अशोक (272-232 ई. पू.) के हैं। इन्हें हम **शिलालेख** कहते हैं। अशोक ने अपने लेख पॉलिश किए हुए स्तंभों पर भी खुदवाए हैं, जिन्हें हम **स्तंभलेख** कहते हैं। इनकी विस्तृत जानकारी हम पहले दे चुके हैं।

अशोक के बाद के भारत से सैकड़ों शिलालेख मिले हैं। अनेक शिलालेख दान से संबंधित हैं। परंतु अधिकांश शिलालेखों में राजाओं की स्तुति की गई है, जिन्हें हम **प्रशस्तियाँ** कहते हैं। प्रस्तरों पर पुस्तकें नहीं लिखी जा सकतीं, परंतु कुछ पुस्तकें शिलास्तंभों या शिलाफलकों पर खुदी हुई मिलती हैं। लिखने के लिए शिलाफलकों का इस्तेमाल अब भी होता है।

धातुओं में ताँबा, चाँदी, सोना, काँसा आदि धातुओं का लिखने के लिए इस्तेमाल हुआ है। पीतल की पुरानी मूर्तियों पर लेख खुदे हुए देखने को

मिलते हैं। काँसे के घंटों पर भी संक्षिप्त लेख देखने को मिलते हैं। दिल्ली में कुतुबमीनार के पास खड़े **लौहस्तंभ** पर उत्कीर्ण छह पंक्तियों का लेख (लगभग 400 ई.) प्रसिद्ध है। सोने के पत्रों पर भी कुछ लेख लिखे गए हैं। तक्षशिला के एक प्राचीन स्तूप से चाँदी के पत्रे पर अंकित खरोष्ठी लिपि का जो लेख मिला है, उसका नमूना हम पहले दे चुके हैं (चित्र 27)। चाँदी और सोने के सिक्कों पर भी शब्द या विरुद अंकित देखने को मिलते हैं। परंतु लेखन के लिए ताँबे का ही सबसे अधिक उपयोग हुआ है।

ताँबे के पत्रों पर खोदे गए लेख मुख्यतः दान से संबंधित हैं, इसलिए इन्हें **दानपत्र** भी कहते हैं। इन्हें **ताम्रपत्र** या **ताम्रशासन** भी कहते हैं। प्राचीन साहित्य में ताम्रशासनों के अनेक उल्लेख मिलते हैं। छोटे-बड़े आकार के हजारों ताम्रपत्र मिले हैं। किसी दानपत्र में यदि एक से अधिक ताम्रपत्र हों तो उनमें छेद करके एक कड़ी डाल दी जाती थी और इस कड़ी के जोड़ पर **राजमुद्रा** का ठप्पा लगा दिया जाता था। किसी दानपत्र में यदि एक से अधिक ताम्रपत्र हों, तो उन्हें किनारे पर थोड़ा मोड़ दिया जाता था, ताकि वे एक-दूसरे से घिस न पाएँ।

भारत से उपलब्ध सबसे प्राचीन ताम्रपत्र संभवतः सहगौरा (गोरखपुर जिला) ताम्रपत्र है। कुछ पुराविदों का मत है कि यह ताम्रपत्र चंद्रगुप्त मौर्य के समय का है। इसके ऊपरी भाग में कुछ चिह्न हैं और नीचे ब्राह्मी लिपि का लेख है। बौद्धग्रंथों से जानकारी मिलती है कि कणिष्क ने बौद्धों के विभाषा-साहित्य को ताम्रपत्रों पर खुदवाया था और इन्हें कश्मीर के एक स्तूप में रख दिया था। परंतु इन ताम्रपत्रों की अभी तक खोज नहीं हुई है।

गुप्तकाल से पुनः ताम्रपत्र मिलने लग जाते हैं। पल्लवों के आरंभिक लेख ताम्रपत्रों पर हैं। इसके बाद के भारत के कोने-कोने से हजारों ताम्रपत्र मिले हैं। हजारों ताम्रपत्र गला भी दिए गए हैं। कुछ ताम्रपत्र हलके हैं, तो कुछ बहुत ही भारी। चोड़-नरेश राजेंद्र के तिरुवालंगाडु दानपत्र में 31 बड़े ताम्रपत्र हैं और इनका वजन लगभग आठ मन है!

ईंटों पर भी कुछ लेख मिले हैं। भाजा से लकड़ी पर खोदा गया संक्षिप्त लेख मिला है, जिसका नमूना हम पहले दे चुके हैं (चित्र 8-4)।

लेखन-सामग्री के बारे में संक्षिप्त जानकारी प्राप्त करने के बाद अब हम प्राचीन काल की **लेखन-पद्धति** के बारे में कुछ जानकारी प्राप्त करेंगे।

अशोक के ब्राह्मी अक्षरों पर शिरोरेखाएँ नहीं हैं। फिर भी आरंभिक ब्राह्मी लेख सीधी रेखाओं में खोदे हुए देखने को मिलते हैं। अशोक के स्तंभलेख स्पष्ट और सुंदर हैं। अशोक के गिरनार के चतुर्दश-शिलालेखों को रेखाएँ खींचकर अलग-अलग कर दिया गया है।

सामान्यतः भारतीय पुरालेखों में शब्दों के बीच में अंतर नहीं छोड़ा गया

है। अशोक के स्तंभलेखों में कहीं-कहीं शब्दों और वाक्यों के बीच में थोड़ा अंतर दिखाई देता है। क्षत्रपों के पश्चिम भारत के कुछ लेखों में भी शब्दों के बीच में अंतर दिखाई देता है। जो लेख काव्य में हैं, उनमें पदों या श्लोकों के बीच में कुछ अंतर दिखाई देता है। अनेक लेखों मे मगलसूचक 'सिद्धम्' शब्द कुछ अलग लिखा हुआ देखने को मिलता है।

आज हम अनेक विराम-चिह्नों का प्रयोग करते हैं। ये विराम-चिह्न हमने अंग्रेजी के संपर्क में आने के बाद अपनाए हैं। हाँ, एक या दो खड़े दंडों वाला विराम-चिह्न प्राचीन अभिलेखों में देखने को मिलता है। एक खड़े दंड का चिह्न अशोक के लेखों में भी कहीं-कहीं देखने को मिलता है। लिखते या खोदते समय कोई अक्षर यदि छूट जाता था, तो उसे बीच में छोटे आकार में या पंक्ति के ऊपर लिख दिया जाता था। हस्तलिपियों में भी ऐसे छूटे हुए अक्षर ऊपर लिख दिए जाते थे। जिस स्थान पर अक्षर छूट जाता था वहाँ ∧ जैसा चिह्न बनाकर ऊपर अक्षर लिख दिया जाता था। ऐसे चिह्न को 'काकपाद' या 'हंसपाद' कहते थे। हंसपाद या काकपाद का चिह्न बनाकर छूटे हुए अक्षर कभी-कभी हाशिए में भी लिख दिए जाते थे।

ताम्रपत्र में यदि कोई अक्षर छूट जाता या गलत लिखा जाता तो ताम्रपत्र के उतने भाग को पीटकर पुनः अक्षर खोदे जाते थे।

प्राचीन अभिलेखों में अनेक प्रकार के मंगल-सूचक चिह्नों का इस्तेमाल हुआ है। स्वस्तिक, त्रिशूल, धर्मचक्र आदि के चिह्नों का अनेक अभिलेखों में इस्तेमाल हुआ है। बाद में 'ओम्' के चिह्न का भी खूब इस्तेमाल हुआ।

कई लेखों में **शब्द-संक्षेपों** का इस्तेमाल हुआ है। **संवत्सर** शब्द के लिए प्रायः **संव, सव, सं** या **स** संक्षेप देखने को मिलते हैं। अभिलेखों में पाए जानेवाले अन्य संक्षेप हैं: ग्रीष्म (ग्रि, गृ, गि), वर्ष (व), हेमंत (हे), दिवस (दिव, दि), शुक्ल-पक्ष-दिन (शु, सुदि), बहुल या बहुल-पक्ष-दिन (ब, बदि)। ताम्रशासनों में 'दूतक' शब्द का इस्तेमाल खूब हुआ है। दूतक वह बड़ा राज्याधिकारी होता था जो राजाज्ञा की घोषणा करता था। कई लेखों में 'दूतक' के लिए 'दू' शब्द-संक्षेप का प्रयोग हुआ है।

ऐसे अनेक लेख मिले हैं जिनमें किसी संवत् का उल्लेख नहीं है। अनेक लेखों में शासन-वर्ष का उल्लेख है। जैसे, अशोक के लेखों में जानकारी मिल जाती है कि राज्याभिषेक के कितने साल बाद वह लेख खोदा गया है। भारतीय लेखों में अनेक संवत्सरों का इस्तेमाल हुआ है। कई राजाओं ने अपने-अपने संवत् चलाए। यहाँ हम भारतीय अभिलेखों में प्रयुक्त प्रमुख संवतों की सूची दे रहे हैं और यह भी बता रहे हैं कि उनका आरंभ ईसवी-सन् के किस साल से माना जाता है:

कलियुग संवत्	3101-2 ई. पू.
विक्रम संवत्	56-57 ई. पू.
शक संवत्	78-79 ई.
कलचुरि संवत्	248-49 ई.
गुप्त संवत्	319-20 ई.
हर्ष संवत्	606 ई.
हिजरी संवत्	622 ई.
बंगाली संवत्	593-94 ई.

प्राचीन भारत के अनेक विद्याकेंद्रों में बड़े-बड़े ग्रंथालय थे। विक्रमशिला, नालंदा और वलभी जैसे विद्याकेंद्र अपने ग्रंथालयों के लिए प्रसिद्ध थे। प्राचीन काल में ग्रंथालय को 'भारती-भांडागार' या 'सरस्वती-भांडागार' कहते थे। जैन भंडारों में अब भी पुरानी हस्तलिपियाँ सुरक्षित हैं। धारा नगरी के राजा भोज का ग्रंथालय प्रसिद्ध था।

पुरानी अनेक हस्तलिपियाँ नष्ट हो गई हैं। जो बची हैं, वे देश-विदेश के संग्रहालयों एवं ग्रंथालयों में सुरक्षित हैं। इन हस्तलिपियों को पढ़ने के लिए भी पुरालिपियों का ज्ञान होना जरूरी है। राजे-रजवाड़ों में और पुराने कुटुंबों में अब भी पुरानी हस्तलिपियाँ प्राप्त हो सकती हैं।

पिछले करीब दो सौ साल में बहुत सारे अभिलेख खोजे गए हैं। लेकिन और भी अनेक अभिलेखों की खोज होनी बाकी है। इसलिए पुरालिपियों की थोड़ी-बहुत जानकारी सबके लिए आवश्यक है। आज भी हमारे देश में अनेक ताम्रपत्र, सिक्के और हस्तलेख नष्ट किए जा रहे हैं। ये चीजें हमारे देश की अमूल्य संपत्ति हैं। पुरालिपि की जानकारी हो तो हम इनका मूल्य तत्काल समझ सकते हैं और इन्हें नष्ट होने से बचा सकते हैं। भारतीय इतिहास और संस्कृति के मौलिक अध्ययन के लिए तो पुरालिपियों का ज्ञान अत्यंत जरूरी है।

परिशिष्ट में हम भारतीय पुरालिपियों से संबंधित ऐसे कुछ ग्रंथों की सूची दे रहे हैं जिनसे इस अध्ययन को आगे बढ़ाया जा सकता है।

● ● ●

परिशिष्ट-1

ब्राह्मी से विकसित आधुनिक भारत की लिपियाँ

आगे की तालिकाओं में ब्राह्मी से विकसित आधुनिक भारत की प्रमुख लिपियों की, और कुछ मृतप्राय लिपियों की भी, वर्णमालाएँ दी गई हैं। श्रीलंका की सिंहली लिपि भी दी गई है।

यहाँ ब्राह्मी लिपि की जो वर्णमाला दी गई है, उसे गुप्तकाल की 'आदर्श ब्राह्मी' समझना उचित होगा। यहाँ दी गई शारदा वर्णमाला आधुनिक काल की है, जिसका हमारे समय तक कश्मीर में प्रचलन रहा है। कैथी की कई शैलियाँ प्रचलित रही हैं। मोड़ी लिपि के अक्षर एक-दूसरे से जुड़े रहते हैं और इन पर लंबी शिरोरेखा रहती है (चित्र 22-4)। बंगला व असमिया लिपियाँ एक-सी हैं। बंगला में 'व' तथा 'ब' के लिए एक ही अक्षर है, परंतु असमिया में 'व' के नीचे एक लकीर रहती है।

हमने देखा है कि प्राचीन काल में भी 'ळ' के लिए अक्षर था। आधुनिक भारत की कई लिपियों में इस ध्वनि के लिए अक्षर हैं। इसके अलावा दक्षिण भारत की भाषाओं की कुछ विशिष्ट ध्वनियों के लिए कुछ विशिष्ट अक्षर हैं।

तमिल व मलयालम तथा कन्नड़ व तेलुगु लिपियों में काफी समानता है। तमिल-मलयालम तथा सिंहली में भी कुछ सादृश्य है। इन लिपियों के, उड़िया लिपि के भी, अक्षर गोलाकार हैं। मुद्रणारंभ के पहले इन भाषाओं की पुस्तकें मुख्यतः ताड़पत्रों पर लिखी जाती थीं, इसलिए इनके अक्षर गोलाकार बने हैं।

परंतु यहाँ दी गई सभी लिपियों की और तिब्बती तथा दक्षिण-पूर्व एशिया की अनेक आधुनिक लिपियों की जननी ब्राह्मी ही है। इस तथ्य को हमें सदैव स्मरण रखना चाहिए।

नागरी	ब्राह्मी	शारदा	टाकरी	लंडा	महाजनी	गुरुमुखी
अ	𑀅	𑆃	𑚀	[illegible]	𑅐	ਅ
आ	𑀆	𑆄	𑚁		[illegible]	ਆ
का	𑀓𑀸	𑆑𑆳	𑚊𑚭	[illegible]	[illegible]	ਕਾ
इ	𑀇	𑆅	𑚂	[illegible]	𑅑	ਇ
कि	𑀓𑀺	𑆑𑆴	𑚊𑚮			ਕਿ
ई	𑀈	𑆆	𑚃			ਈ
की	𑀓𑀻	𑆑𑆵	𑚊𑚯	[illegible]	[illegible]	ਕੀ
उ	𑀉	𑆇	𑚄	[illegible]	𑅒	ਉ
कु	𑀓𑀼	𑆑𑆶	𑚊𑚰		[illegible]	ਕੁ
ऊ	𑀊	𑆈	𑚅			ਊ
कू	𑀓𑀽	𑆑𑆷	𑚊𑚱	[illegible]		ਕੂ
ऋ	𑀋	𑆉				
कृ	𑀓𑀾	𑆑𑆸				
ए	𑀏	𑆍	𑚆		𑅓	ਏ
के	𑀓𑁂	𑆑𑆼	𑚊𑚲		[illegible]	ਕੇ
ऐ	𑀐	𑆎	𑚇			ਐ
कै	𑀓𑁃	𑆑𑆽	𑚊𑚳			ਕੈ
ओ	𑀑	𑆏	𑚈		𑅔	ਓ
को	𑀓𑁄	𑆑𑆾	𑚊𑚴		[illegible]	ਕੋ
औ	𑀒	𑆐	𑚉			ਔ
कौ	𑀓𑁅	𑆑𑆿	𑚊𑚵			ਕੌ

नागरी	ब्राह्मी	शारदा	टाकरी	लंडा	महाजनी	गुरुमुखी
क	𑀓	𑆑	𑚊	[illegible]	𑅕	ਕ
ख	𑀔	𑆒	𑚋	[illegible]	𑅖	ਖ
ग	𑀕	𑆓	𑚌	[illegible]	𑅗	ਗ
घ	𑀖	𑆔	𑚍	[illegible]	𑅘	ਘ
ङ	𑀗	𑆕		[illegible]	[illegible]	
च	𑀘	𑆖	𑚏	[illegible]	𑅙	ਚ
छ	𑀙	𑆗	𑚐	[illegible]	𑅚	ਛ
ज	𑀚	𑆘	𑚑	[illegible]	𑅛	ਜ
झ	𑀛	𑆙	𑚒	[illegible]	𑅜	ਝ
ञ	𑀜	𑆚		[illegible]	𑅝	
ट	𑀝	𑆛	𑚔	[illegible]	𑅞	ਟ
ठ	𑀞	𑆜	𑚕	[illegible]	𑅟	ਠ
ड	𑀟	𑆝	𑚖	[illegible]	𑅠	ਡ
ढ	𑀠	𑆞	𑚗	[illegible]	𑅡	ਢ
ण	𑀡	𑆟	𑚘	[illegible]	𑅢	ਣ
त	𑀢	𑆠	𑚙	[illegible]	𑅣	ਤ
थ	𑀣	𑆡	𑚚	[illegible]	𑅤	ਥ
द	𑀤	𑆢	𑚛	[illegible]	𑅥	ਦ
ध	𑀥	𑆣	𑚜	[illegible]	𑅦	ਧ
न	𑀦	𑆤	𑚝	[illegible]	𑅧	ਨ

नागरी	ब्राह्मी	शारदा	टाकरी	लंडा	महाजनी	गुरुमुखी
प	[illegible]	[illegible]	[illegible]	[illegible]	[illegible]	ਪ
फ	[illegible]	[illegible]	[illegible]	[illegible]	[illegible]	ਫ
ब	[illegible]	[illegible]	[illegible]	[illegible]	[illegible]	ਬ
भ	[illegible]	[illegible]	[illegible]	[illegible]	[illegible]	ਭ
म	[illegible]	[illegible]	[illegible]	[illegible]	[illegible]	ਮ
य	[illegible]	[illegible]	[illegible]	[illegible]	[illegible]	ਯ
र	[illegible]	[illegible]	[illegible]	[illegible]	[illegible]	ਰ
ल	[illegible]	[illegible]	[illegible]	[illegible]	[illegible]	ਲ
व	[illegible]	[illegible]	[illegible]	[illegible]	[illegible]	ਵ
श	[illegible]	[illegible]	[illegible]		[illegible]	ਸ਼
ष	[illegible]	[illegible]	[illegible]		[illegible]	
स	[illegible]	[illegible]	[illegible]	[illegible]	[illegible]	ਸ
ह	[illegible]	[illegible]	[illegible]	[illegible]	[illegible]	ਹ
ड़			[illegible]	[illegible]	[illegible]	ੜ
ळ			[illegible]			ਲ਼
क्ष	[illegible]	[illegible]				
ज्ञ	[illegible]	[illegible]				

नागरी	कैथी	गुजराती	मोड़ी	बंगला	उड़िया
अ	𑂃	અ	𑘀	অ	ଅ
आ	𑂄	આ	𑘁	আ	ଆ
का	𑂍𑂰	કા	𑘎𑘰	কা	କା
इ	𑂅	ઇ	𑘂	ই	ଇ
कि		કિ	𑘎𑘱	কি	କି
ई		ઈ	𑘃	ঈ	ଈ
की	𑂍𑂲	કી	𑘎𑘲	কী	କୀ
उ	𑂇	ઉ	𑘄	উ	ଉ
कु	𑂍𑂳	કુ	𑘎𑘳	কু	କୁ
ऊ		ઊ	𑘅	ঊ	ଊ
कू		કૂ	𑘎𑘴	কূ	କୂ
ऋ		ઋ	𑘆	ঋ	ଋ
कृ		કૃ	𑘎𑘵	কৃ	କୃ
ए	𑂉	એ	𑘊	এ	ଏ
के	𑂍𑂵	કે	𑘎𑘹	কে	କେ
ऐ	𑂊	ઐ	𑘋	ঐ	ଐ
कै	𑂍𑂶	કૈ	𑘎𑘺	কৈ	କୈ
ओ	𑂋	ઓ	𑘌	ও	ଓ
को	𑂍𑂷	કો	𑘎𑘻	কো	କୋ
औ	𑂌	ઔ	𑘍	ঔ	ଔ
कौ	𑂍𑂸	કૌ	𑘎𑘼	কৌ	କୌ

नागरी	कैथी	गुजराती	मोड़ी	बंगला	उड़िया
क	𑂍	ક	𑘎	ক	କ
ख	𑂎	ખ	𑘏	খ	ଖ
ग	𑂏	ગ	𑘐	গ	ଗ
घ	𑂐	ઘ	𑘑	ঘ	ଘ
ङ	𑂑	ઙ	𑘒	ঙ	ଙ
च	𑂒	ચ	𑘓	চ	ଚ
छ	𑂓	છ	𑘔	ছ	ଛ
ज	𑂔	જ	𑘕	জ	ଜ
झ	𑂕	ઝ	𑘖	ঝ	ଝ
ञ	𑂖	ઞ	𑘗	ঞ	ଞ
ट	𑂗	ટ	𑘘	ট	ଟ
ठ	𑂘	ઠ	𑘙	ঠ	ଠ
ड	𑂙	ડ	𑘚	ড	ଡ
ढ	𑂛	ઢ	𑘛	ঢ	ଢ
ण	𑂝	ણ	𑘜	ণ	ଣ
त	𑂞	ત	𑘝	ত	ତ
थ	𑂟	થ	𑘞	থ	ଥ
द	𑂠	દ	𑘟	দ	ଦ
ध	𑂡	ધ	𑘠	ধ	ଧ
न	𑂢	ન	𑘡	ন	ନ

नागरी	कैथी	गुजराती	मोड़ी	बंगला	उड़िया
प	𑂣	પ	𑘢	প	ପ
फ	𑂤	ફ	𑘣	ফ	ଫ
ब	𑂥	બ	𑘤	ব	ବ
भ	𑂦	ભ	𑘥	ভ	ଭ
म	𑂧	મ	𑘦	ম	ମ
य	𑂨	ય	𑘧	য়	ୟ
र	𑂩	ર	𑘨	র	ର
ल	𑂪 𑂪	લ	𑘩	ল	ଲ
व	𑂫	વ	𑘪	ব	ଵ
श	𑂬	શ	𑘫	শ	ଶ
ष		ષ	𑘬	ষ	ଷ
स		સ	𑘭	স	ସ
ह	𑂯	હ	𑘮	হ	ହ
ड़	𑂚		𑘚	ড়	ଡ଼
ढ़	𑂜		𑘛	ঢ়	ଢ଼
ळ		ળ	𑘯		ଳ
क्ष	𑂍𑂹𑂭	ક્ષ	𑘎𑘿𑘬	ক্ষ	କ୍ଷ
ज्ञ	𑂔𑂹𑂖	જ્ઞ	𑘕𑘿𑘗	জ্ঞ	
				য	ଯ

नागरी	तमिल	मलयाळम	कन्नड़	तेलुगु	सिंहली
अ	அ	അ	ಅ	అ	අ
आ	ஆ	ആ	ಆ	ఆ	ආ
का	கா	കാ	ಕಾ	కా	කා
इ	இ	ഇ	ಇ	ఇ	ඉ
कि	கி	കി	ಕಿ	కి	කි
ई	ஈ	ഈ	ಈ	ఈ	ඊ
की	கீ	കീ	ಕೀ	కీ	කී
उ	உ	ഉ	ಉ	ఉ	උ
कु	கு	കു	ಕು	కు	කු
ऊ	ஊ	ഊ	ಊ	ఊ	ඌ
कू	கூ	കൂ	ಕೂ	కూ	කූ
ऋ		ഋ	ಋ	ఋ	ඍ
कृ		കൃ	ಕೃ	కృ	කෘ
ए	எ	എ	ಎ	ఎ	එ
के	கெ	കെ	ಕೆ	కె	කෙ
ए	ஏ	ഏ	ಏ	ఏ	ඒ
के	கே	കേ	ಕೇ	కే	කේ
ऐ	ஐ	ഐ	ಐ	ఐ	ඓ
कै	கை	കൈ	ಕೈ	కై	කෛ
ओ	ஒ	ഒ	ಒ	ఒ	ඔ
को	கொ	കൊ	ಕೊ	కొ	කො

नागरी	तमिल	मलयाळम	कन्नड़	तेलुगु	सिहली
ओ	ஓ	ഓ	ಓ	ఓ	ඔ
को	கோ	കോ	ಕೋ	కో	කෝ
औ	ஔ	ഔ	ಔ	ఔ	ඖ
कौ	கௌ	കൌ	ಕೌ	కౌ	කෞ
क	க	ക	ಕ	క	ක
ख		ഖ	ಖ	ఖ	ඛ
ग		ഗ	ಗ	గ	ග
घ		ഘ	ಘ	ఘ	ඝ
ङ	ங	ങ	ಙ	ఙ	ඞ
च	ச	ച	ಚ	చ	ච
छ		ഛ	ಛ	ఛ	ඡ
ज	ஜ	ജ	ಜ	జ	ජ
झ		ഝ	ಝ	ఝ	ඣ
ञ	ஞ	ഞ	ಞ	ఞ	ඤ
ट	ட	ട	ಟ	ట	ට
ठ		ഠ	ಠ	ఠ	ඨ
ड		ഡ	ಡ	డ	ඩ
ढ		ഢ	ಢ	ఢ	ඪ
ण	ண	ണ	ಣ	ణ	ණ
त	த	ത	ತ	త	ත
थ		ഥ	ಥ	థ	ථ

नागरी	तमिल	मलयाळम	कन्नड़	तेलुगु	सिंहली
द		ദ	ದ	ద	ද
ध		ധ	ಧ	ధ	ධ
न	ந	ന	ನ	న	න
प	ப	പ	ಪ	ప	ප
फ		ഫ	ಫ	ఫ	ඵ
ब		ബ	ಬ	బ	බ
भ		ഭ	ಭ	భ	භ
म	ம	മ	ಮ	మ	ම
य	ய	യ	ಯ	య	ය
र	ர	ര	ರ	ర	ර
ल	ல	ല	ಲ	ల	ල
व	வ	വ	ವ	వ	ව
श		ശ	ಶ	శ	ශ
ष	ஷ	ഷ	ಷ	ష	ෂ
स	ஸ	സ	ಸ	స	ස
ह	ஹ	ഹ	ಹ	హ	හ
ळ	ழ	ഴ	ೞ		
ळ	ள	ള	ಳ	ళ	ළ
र	ற	റ	ಱ	ఱ	
ण	ண				
क्ष	க்ஷ			క్ష	

परिशिष्ट-2

पठनीय ग्रंथ

ब्राह्मी और खरोष्ठी लिपियों का उद्घाटन 1837 ई. में हुआ । आरंभ में **इंडियन एंटिक्वेरी** जैसी शोध-पत्रिकाओं में पुरालेखों का अध्ययन प्रकाशित हुआ । फिर शिलालेखों एवं ताम्रपत्रों के प्रकाशन के लिए 1888 ई. में **एपिग्राफिया इंडिका** नामक पत्रिका का जन्म हुआ । तब मे अधिकांश प्रमुख पुरालेख इसी पत्रिका में प्रकाशित होते आ रहे हैं । इसके अलावा, देश-विदेश की अन्य अनेक शोध-पत्रिकाओं में पुरालेख प्रकाशित होते रहे हैं ।

दक्षिण भारत के पुरालेखों का प्रकाशन स्वतंत्र शोध-पत्रिकाओं में होता रहा है । इसी प्रकार अरबी-फारसी के अभिलेखों के लिए एक स्वतंत्र पत्रिका है ।

विविध पत्रिकाओं में प्रकाशित पुरालेखों को संशोधित एवं संपादित करके कालक्रमानुसार बड़ी जल्दी में छापने की योजना पिछली सदी में तैयार हुई थी । इस योजना के अंतर्गत **द कॉर्पस् इंस्क्रिप्शनम् इंडिकारम्** नामक जिल्दों में अब तक अशोक के लेख, खरोष्ठी लेख, भारहुत के लेख, गुप्तकाल के लेख और कलचुरियों तथा वाकाटकों के लेख छप चुके हैं । इनका संपादन अधिकारी विद्वानों ने किया है । यह सारी मौलिक सामग्री बड़े ग्रंथालयों में ही उपलब्ध हो सकती है ।

भारतीय पुरालेखों के बारे में हिंदी व अंग्रेज़ी में बहुत कम ग्रंथ लिखे गए हैं । ऐसे कुछ ग्रंथों की सूची हम नीचे दे रहे हैं । इनमें पं. ओझा, डा. बलूर और डॉ. शिवराममूर्ति के ग्रंथ पुरालिपियों के अध्ययन के लिए उपयुक्त हैं । हिंदी के माध्यम से पुरालिपियों के अध्ययन के लिए एकमात्र उपलब्ध ग्रंथ ओझा जी का है । परंतु यह इतना उत्तम है कि भारतीय पुरालिपियों के अध्ययन के लिए देश-विदेश के पंडित भी इस ग्रंथ की शरण में जाते हैं !

हिंदी

भारतीय प्राचीन लिपिमाला	गौरीशंकर हीराचंद ओझा
अशोक के धर्मलेख	जनार्दन भट्ट
अक्षर-कथा	गुणाकर मुले

अंग्रेजी

Indian Palaeography.	A. H. Dani
Indian Palaeography.	G. Buhler
Indian Epigraphy and South Indian Scripts.	C. Sivaramamurti
Select Inscriptions bearing on Indian History and Civilization.	D. C. Sircar
Inscriptions of Asoka.	
Expansion of Indo-Aryan Culture.	B. Ch. Chhabra
Inscriptions of Asoka, Two Parts.	B. M. Barua
The Development of The Kharosthi Script.	C. C. Das Gupta
Select Sanskrit Inscriptions.	V.W. Karambelkar
Elements of South Indian Palaeography.	A. C. Burnell

परिशिष्ट-3

शब्दानुक्रमणिका

परिशिष्ट-4

हिंदी-अंग्रेजी पारिभाषिक शब्दावली

अक्षर	Syllable, Letter, Alphabet
अक्षर-चिह्न	Syllabic sign
अक्षरमाला	Syllabary
अक्षरात्मक लिपि	Syllabic writing
अभिलेख	Inscription, Epigraph
आरमी, आरमेई	Aramaic
उच्चारण	Pronounciation
उत्कीर्ण	Engraved
कीलाक्षर लिपि	Cuneiform writing
कूटशासन	Forged copper-plate charter
घसीट लिपि	Cursive writing
चट्टान	Rock
चित्रलिपि	Pictorial (Hieroglyphic) Script
ताड़पत्र	Palm leaf
ताम्रपत्र, ताम्रशासन	Copper-plate Charter
ताम्रयुग	Copper Age
दानपत्र	A deed of gift
द्विभाषिक	Bilingual
ध्वन्यात्मक लिपि	Phonetic writing
न्यूनकोणीय लिपि	Acute-angled alphabet
पांडुलिपि	Manuscript
पाषाणयुग	Stone Age
पुरातत्व	Archaeology
पुरालिपि	Archaic (ancient) writing
पुरालिपिविद, पुरालेखविद	Epigraphist

पुरालेख-शास्त्र, पुरालिपि-विज्ञान	Epigraphy, Palaeography
पुरालेख	Inscription, Epigraph
पेटिकाशीर्ष	Box-headed
प्रशस्ति	Eulogy, Panegyric
मृत्फलक	Clay tablet
भावचित्र	Ideogram
भावचित्रात्मक लिपि	Ideographic writing
भाषा-परिवार	Language Family
भूर्जपत्र, भोजपत्र	Birch-bark
मुद्रा	Seal, Coin
मुहर	Seal
राजमुद्रा	Royal Seal
लिपि	Script, Writing
लिपिकर, लिपिक, लेखक	Writer, Engraver, Scribe, Copyist
लिप्यंतरण	Transliteration
लेख	Writing, Document, Deed
लेखन	Writing, Script
लौहयुग	Iron Age
लौहस्तंभ	Iron Pillar
वर्ण	Letter, Character, Syllable
वर्णमाला,	Alphabet
वर्णमालात्मक लिपि	Alphabetic writing
विकास	Evolution, Development.
व्यंजनमाला	Consonantal Alphabet
शब्द-संक्षेप, संक्षेप	Abbreviation
शलाका	Stylus
शासन	Edict, Decree, Royal grant, Charter
शासन-वर्ष	Regnal year
शिरोरेखा	Horizontal top line
शिलालेख	Rock Inscription
शिलालेख-स्मारक	Epigraphic Monument
संकेत, प्रतीक	Symbol
संवत्, संवत्सर	Era

संस्कृति	Culture
सभ्यता	Civilization
सहस्राब्दी	Millennium
सुलेखक	Calligraphist
सुलेखन कला	Calligraphy
स्तंभलेख	Pillar Inscription
हस्तलिपि, हस्तलेख	Hand-writing, Hand-written book.